# Disney

## ディズニーキャラクター

**子どもと遊べる！飾れる！**

# おりがみ

# 指人形

JM014274

# この本について

すべてのキャラクター作品に
指が入る箇所があり、
指人形として使用できます。

基本的に顔と体で1セットですが、
顔の部分だけでも
指人形になりますよ！

キャラクターの世界観を
広げるかわいい小物作品も、
たくさん掲載しています。

好きなサイズや、
お気に入りの色合いで
作っても素敵ですね。

作品の作り方は、
すべて写真で説明しています。

また、巻末には
キャラクターの
原寸大型紙もついています。
サイズ感や表情の資料として
お使いください。

# 目次

# ミッキーマウス
# ミニーマウス

主役ふたりの登場です！ 頬はタンポや
スポンジブラシで化粧品のチークを軽く
取り、ふんわりと当てて表現しています。
目・鼻・口は切り貼りしていますが、型
紙を参考に描いても良いですね。

**型紙**》P70、71

体の裏面のサックに
指を入れて、指人形に

ミッキーマウス
作り方 1 2

二重のハート：15cm角＋1/4サイズ　ハート（小）：1/4サイズ

4

体の両側面を
少し広げて、立体に

**ミニーマウス**
作り方 ① ② ③

**ハート・
二重のハート**
作り方 P20

顔だけでも、指人形になります

# ドナルドダック
# デイジーダック

**デイジーダック**
作り方 [1] [3] [4]

**ひまわり**
作り方 P24

**葉**
作り方 P23

ドナルドの蝶ネクタイとデイジーのリボンは、
基本的に同じ作り方。蝶ネクタイは角を折ら
ないことで、張り感を表現しました。
ひまわりの色は個々に変えて、表情豊かに。

型紙 P72

**ドナルドダック**
作り方 [1] [3] [4]

ひまわり：1/4サイズ　葉：1/4サイズ

# チップ＆デール

大親友のふたりは、折り方も模様も一緒！目元や鼻、口元で違いを表現しましょう。どんぐりの殻斗（帽子）部分の模様をいろいろ変えることで、飾ったときも賑やかになること間違いなしです。

型紙 》P70、71

**デール**
作り方 1 5

**チップ**
作り方 1 5

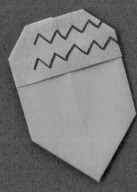

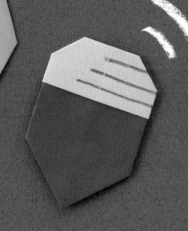

**どんぐり**
作り方 P25

どんぐり：1/4 サイズ

7

# くまのプーさんと
# 仲間たち

100エーカーの森のゆかいな仲間たちが
大集合。ピグレットは本来のキャラクター
のように、体を小さめに作ります。紅葉を
イメージした葉の色は、作る時期にあわ
せて変えても素敵ですね。

型紙 》 P74、75

ピグレット
作り方 1 7

プー
作り方 1 6

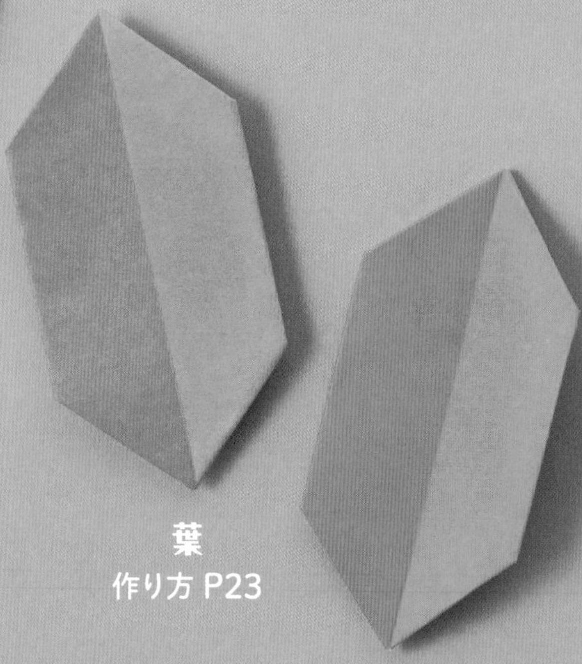

葉
作り方 P23

葉：1/4 サイズ

ティガー
作り方 1 9

イーヨー
作り方 1 8

# エイリアン

トイ・ストーリーシリーズの中でも大人気のエイリアン。表情は2種類用意しました。たくさん作って並べると、物語の中と同じく圧巻です！ 目には、丸シールを使うと便利です。

型紙 》 P76

**エイリアン**
作り方 1 10

**八角形の星**
作り方 P22

八角形の星：15cm角　八角形の星（小）：1/4 サイズ

# サリー　マイク

モンスターズ・インクシリーズの主役と言えば、この
ふたり！　サリーはキャラクターの大きさをイメージ
して、肩の部分を太く作ります。マイクは折り紙1枚
で完成するので、作りやすい作品です。

型紙 》P77

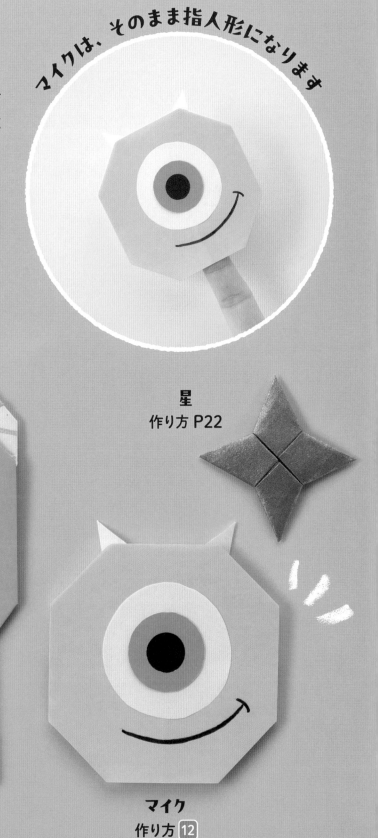

マイクは、そのまま指人形になります

**星**
作り方 P22

**サリー**
作り方 1 11

**マイク**
作り方 12

星：1/4 サイズ

11

# ダンボ

大人にも子どもにもお馴染みのダンボは
目をブルーにすることで、キャラクターの愛
らしさを表現します。周りの花や葉も、パス
テルカラーで作って柔らかい雰囲気に。

型紙 》 P73

**ダンボ**
作り方 1 13

**花**
作り方 P19

**葉**
作り方 P23

花：15cm角　花（小）：1/4サイズ
葉：1/4サイズ　葉（小）：1/16サイズ

# アリス チェシャ猫

ふしぎの国のアリスより、アリスとチェシャ猫のお出ましです。
チェシャ猫は何といっても表情が命！ ニカッと笑った口元は、
切り貼りするとメリハリがつきます。花は物語の不思議な雰囲
気にあわせて、ビビッドなコントラストで楽しんでください。

型紙》P75

チェシャ猫
作り方 1 14

アリス
作り方 1 17 18

二重の花：15cm角 + 1/4 サイズ

二重の花
作り方 P19

13

# スティッチ エンジェル

リロ＆スティッチシリーズに登場するふたり。エンジェルに触角をつける違いはありますが、他の部分の折り方は同じです。南国風の花をあしらえば、そこはまるでカウアイ島！

型紙 》 P76、77

**スティッチ**
作り方 1 15

**エンジェル**
作り方 1 15

**南国風の花**
作り方 P26

南国風の花（花芯：1/16 サイズ、花：15cm角、葉：1/4 サイズ）

# アリエル

リトル・マーメイドの主人公アリエルは、海中で揺れる長い髪もチャームポイント。そんな豊かにたなびく髪を、折り紙でも表現します。巻き貝にはオーロラ折り紙を使って、美しい世界を演出してみましょう。

型紙 》 P79

顔にも、指を入れる箇所があります

**アリエル**
作り方 1 17 19

**巻き貝**
作り方 P27

巻き貝：1/4 サイズ

# エルサ アナ オラフ

大人気のアナと雪の女王シリーズから、エルサ、アナ、オラフを作ります。注目ポイントのひとつは、エルサの髪の束感。アシンメトリーにして、キャラクターのイメージを表現します。アナの髪の白い部分は、ペンで描き加えましょう。ちりばめる星々は、雪原に似合うように銀や白をチョイスしてみても。

型紙 》 P78

**エルサ**
作り方 1 17 20

八角形の星：1/4 サイズ

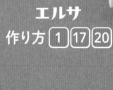

八角形の星
作り方 P22

アナ
作り方 1 17 21

オラフ
作り方 1 16

# 白雪姫

髪を作る工程で、服の襟も作ることができます。赤いリボンのついたカチューシャは、白雪姫の特徴のひとつ。リボンは、1/16 サイズの折り紙で作っています。

型紙 》 P79

花：1/4 サイズ　葉：1/16 サイズ

**白雪姫**
作り方 [1] [3] [17] [22]

**花**
作り方 P19

**葉**
作り方 P23

**星**
作り方 P22

**シンデレラ**
作り方 [1] [17] [23]

# シンデレラ

ドレスを着こなすシンデレラには、水色のカチューシャを切り貼りします。周りに星を配置して、きらめく舞踏会の夜を表現しましょう。

型紙 》 P79

星：1/4 サイズ

# アレンジプラン

## ペープサート

キャラクターでペープサートを作ります。指を入れる箇所にストローや割り箸を差し込み、テープなどで固定します。

持ち手部分は、折り紙を丸めて作ってもGOOD!

**POINT**

キャラクターだけでなく、小物もペープサートにすると演じる幅が広がりそう！

---

## 花の作り方　　基本型：15cm角　1枚

① 十字田に折りすじをつけ、中心線まで折って戻す

② 図のようになる

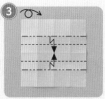

③ 裏返して山折り線をつまみ、中心線まで段折りをする

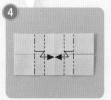

④ 山折り線をつまみ、中心線まで段折りをする

⑤ 図のようになる

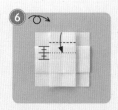

⑥ 裏返して、図の位置で折る

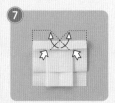

⑦ ⇧のところに指を入れてふくらませ、三角形につぶす

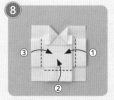

⑧ 残り3か所を、図の順で⑥⑦と同様に折る

⑨ 角を折る

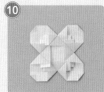

⑩ 図のようになる

⑪ 裏返して、花の出来上がり

⑫ <二重の花> 1/4サイズで折った⑪を重ねて貼り合わせ、出来上がり

19

# ボード飾り
## （おしらせボード）

掲示板としても活躍する
ボードは、日々いろいろな
人の目に留まります。
四季にあわせて色合いや
キャラクターを変えて、
季節感を演出しても。

**POINT**

おしらせの角は、
キャラクターで
はさみ込むように
留めると剥がれ
にくいです。

ハート：15cm角　　二重のハート：15cm角＋1/4 サイズ　　ハート（小）：1/4 サイズ

---

## ハートの作り方　基本型：15cm角　1枚

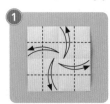

① 十字田に折りすじを
つけ、中心線まで
折って戻す

② 図のようになる

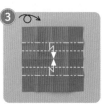

③ 裏返して山折り線を
つまみ、中心線まで
段折りをする

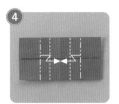

④ 山折り線をつまみ、
中心線まで段折りを
する

⑤ 図のようになる

⑥ 裏返して、図の位置
で折る

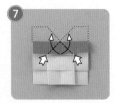

⑦ ⇧のところに指を入
れてふくらませ、三
角形につぶす

⑧ 角を折る

⑨ 角を折る

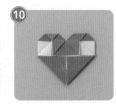

⑩ 図のようになる

⑪ 裏返して、ハートの
出来上がり

⑫ ＜二重のハート＞
1/4サイズで折った
⑪を重ねて貼り合わ
せ、出来上がり

毎日使うおたより入れには、楽しげな雰囲気の
キャラクターをあしらいたいですね。
モンスターズ・インクのアイコンである
ドアもつければ、登園のイメージがわきそうです。

**POINT**

ドアは開閉するので、
間を留めつけなければ、
開いたり閉じたりして
遊ぶこともできます。

## ドアの作り方　15cm角　2枚

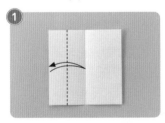

折り紙（1枚）の縦□に折りすじ
をつけ、中心線まで折って戻す

❶でつけた折りすじまで折る

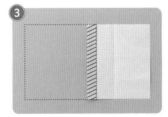

もう1枚の折り紙を、図の位置
で重ねて貼り合わせる

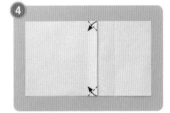

角を折る

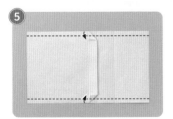

図のように、上下を折る

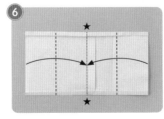

★ラインまで折る

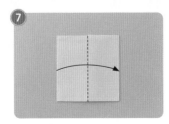

半分に折る

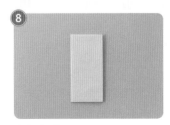

出来上がり

## 星の作り方

基本型：15cm角　1枚

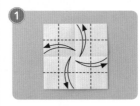

① 十字⊞に折りすじをつけ、中心線まで折って戻す

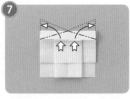

⑦ ⇧のところに指を入れてふくらませ、三角形につぶす

② 図のようになる

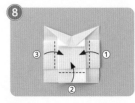

⑧ 残り3か所を、図の順で⑥⑦と同様に折る

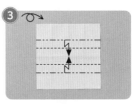

③ 裏返して山折り線をつまみ、中心線まで段折りをする

⑨ 図のようになる

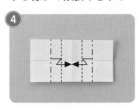

④ 山折り線をつまみ、中心線まで段折りをする

⑩ 裏返して、星の出来上がり

⑤ 図のようになる

⑪ <八角形の星> ⑩を2つ作り、図のように重ねて貼り合わせる

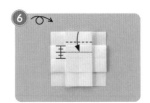

⑥ 裏返して、図の位置で折る

⑫ 出来上がり

---

八角形の星：15cm角
星・八角形の星（小）：1/4サイズ

**アレンジ**

# 吊るし飾り（メリー）

丸めた芯材に、キャラクターの
色みに合った毛糸を巻きつけます。
キャラクターも小物も、すべて
同じもの同士を貼り合わせて飾ります。

**POINT**

バランスがとれた
吊るし方にするため、
毛糸は輪を均等に
三分割し、そこを起点に
上へ伸ばします。

小物を多く使って、華やかさUP！
吊るす際は左右を均一にせず、あえてアシンメトリーにすることで全体に動きを出します。　**花の作り方：P19**

花：15cm角
二重の花：15cm角＋1/4サイズ
葉：1/4サイズ

**POINT**
作品には
麻紐を使いましたが、
毛糸や綿ロープ、
組紐など、キャラクターに
あわせて選んでも
楽しいですね。

### クリップ留め
キャラクターをクリップで留める方法にしておけば、さっと取り替えられて時短に！

## 葉の作り方　基本型：1/4サイズ　1枚

葉の線を
表現するため、
折りすじは
しっかりつける

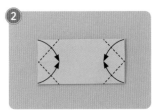

① 横☰に折りすじをつけ、中心線まで折る

② 角を折る

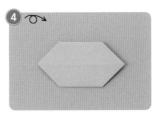

③ 図のようになる

④ 裏返して、出来上がり

# ワッペン

プーを15cm角で作る場合、
土台も15cm角（1枚）を使います。

POINT

土台のふちを
際立たせるために、
ぐるりとステッチ模様を
描き込みます。

アレンジ

# メダル

ミッキーを1/2サイズで作る場合、
土台は15cm角（2枚）を使います。

POINT

運動会メダルの
イメージで、リボンは
トリコロールカラーに。
幅約2.5cmのものを
使用しています。

## 土台・花火・クモの巣・ひまわりの作り方　基本型：15cm角　1枚

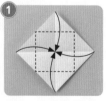

①
十字◇に折りすじを
つけ、中心まで折る

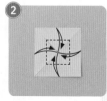

②
図の位置で折って
戻す

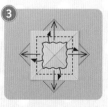

③
〜〜〜のライン（②
でつけた折りすじ）
を図の位置で折る

④
図のようになる

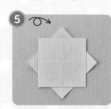

⑤
裏返して、ワッペン
の土台・花火・クモ
の巣の出来上がり

⑥ ＜ひまわり・メダルの土台＞
⑤を2つ作り、図の
ように重ねて貼り合
わせ、出来上がり

# リース飾り

紙皿を使ったリース飾りで、
季節を楽しみましょう。
作品では、紙皿（直径約18.5cm）の
中央直径10cm分を切り取り、
リースの土台にしています。

葉の作り方：P23

葉の作り方：P23

**POINT**

クラフト紙の
紙皿にあわせて、
リボンも同系色の
ペーパーラフィアに。
絞られていたら、
広げて使います。

どんぐり：1/4サイズ
葉：1/4サイズ

## どんぐりの作り方　基本型：1/4サイズ　1枚

①
十字田に折りすじを
つけ、後ろの中心
線まで折る

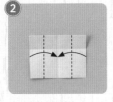
②
中心線まで折る

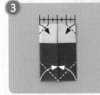
③
角を折る

④
図のようになる

⑤
裏返して、殻斗（帽子）
に色を塗ったり模様を
描いたりする

⑥
出来上がり

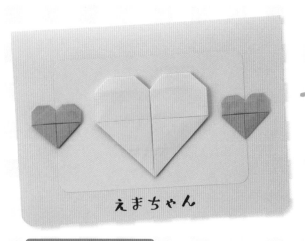

えまちゃん

3さいの おたんじょうび
おめでとう!
えんていで あそぶことが
だいすきな えまちゃん。
たくさんあそんで
これからも げんきに すごしてね!

**ハートの作り方：P20**

## バースデーカード

台紙：A4（縦）画用紙
ハート（大）：17.5cm角
ハート（小）：1/4サイズ

りくくんへ

げんきに
なつやすみを
すごしていますか？
2がっきに なつの
おはなしが きけることを
たのしみに しています。

**POINT**

たくさん送る
場合もあるので、
キャラクターは
顔だけで
まとめましょう。

## 暑中見舞い

**巻き貝の作り方：P27**

葉書：14.8×10cm画用紙
スティッチ：（顔：3/4サイズ、耳：3/4の三角1/2サイズ 2枚）
南国風の花：（花芯：1/16の1/4サイズ、花：1/4サイズ、葉：1/16サイズ）
巻き貝：1/16サイズ

## 南国風の花の作り方

基本型：（花芯：1/16サイズ 1枚
　　　　　花：15cm角 1枚、葉：1/4サイズ 1枚）

**花の作り方：P19　葉の作り方：P23**

① **＜花芯＞**
十字（横線は印程度）
◇に折りすじをつけ、
中心まで折る

② 
①中心線まで折る
②中心線まで折る

③ 
裏返して、花芯の出来上がり

④ **＜南国風の花＞**

スリット

❸を差し込んで貼るため、
花⓫はスリットを横にする。
葉❹もつけて、出来上がり

八角形の星の作り方：P22

はるとくん
めりーくりすます！
つりーの かざりつけを
てつだってくれて ありがとう！
はるとくんの ところにも きっと
さんたさんが きてくれるよ。
たのしい くりすますかいに
しましょうね。

Merry Christmas !

# クリスマスカード

台紙：A4（横）画用紙
八角形の星：1/4サイズ
八角形の星（小）：1/16サイズ

# 巻き貝の作り方　基本型：1/4サイズ　1枚

① 左下のみ後ろに折る
十字田に折りすじをつけ、中心まで折る

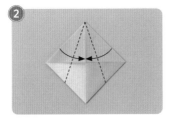

② 中心線まで折る

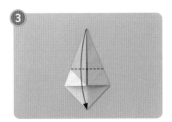

③ 半分に折る

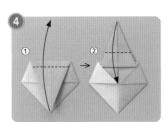

④ ①図の位置で折り上げる
②図の位置で折る

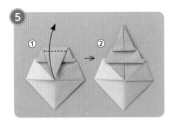

⑤ ①図の位置で折り上げる
②図のようになる

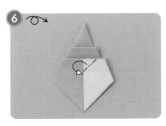

⑥ 裏返して、角を後ろに折る

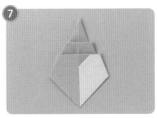

⑦ 出来上がり

キャラクターや場面にあわせて、
パール紙やオーロラ紙で折っても！

## 春 ひなまつり

キャラクターの体部分や小物には
千代紙を使って、和の雰囲気でまとめましょう。
花芯を表現するため、花の中央には
金の丸シールをあしらいます。

**POINT**

女雛の釵子は、
裏返した
花❽（1/4サイズ）を
顔の裏側から貼って
表現しています。

花：15㎝角
花（中）：3/4サイズ
花（小）：1/4サイズ

花の作り方：P19　男雛の冠の作り方：⓭ダンボ⓲〜㉔（P55-56）

### 筋の作り方　基本型：1/16サイズ　1枚

**①** 花芯❸（P26）より

上部を後ろに折る

**②**

出来上がり

### 扇の作り方　基本型：1/16サイズ　1枚

**①**

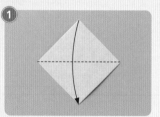

半分に折る

**②**

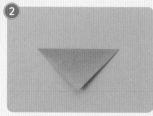

出来上がり

# 夏 ★ 七夕

織姫と彦星に扮した
キャラクターを、さまざまな
七夕飾りとともに笹に吊るして。
ホイル折り紙を多用して、
キラキラと揺れる情景を
楽しみましょう。

織姫・彦星の型紙 》P72、73

**POINT**

黒い折り紙に
模様を描く際には、
写真に書き込めるペン
などを使用します。

## 彦星の冠・シルクハットの作り方

基本型：1/4 サイズ　1枚

1 13ダンボ 24（P56）より

図の位置で後ろに折る

2

出来上がり

## 魔女帽子の作り方

基本型：1/4 サイズ　1枚

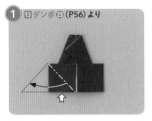

1 13ダンボ 23（P56）より

⇧のところに指を入れてふ
くらませ、三角形につぶす

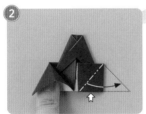

2

指を入れてふくらませている
ところ。反対側も同様に折る

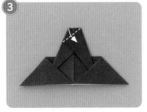

3

角をななめに折る

4

裏返して、出来上がり

星：1/4 サイズ
八角形の星：15cm角
八角形の星（小）：1/4 サイズ
花火：1/4 サイズ

星・八角形の星の作り方：P22　花火の作り方：P24

帽子をかぶせて、キャラクターたちにもハロウィンを楽しんでもらいましょう！
作品では、B4サイズの用紙が入る額を使用しています。

**POINT**

カボチャは、15cm角と1/4サイズで作った作品を取り混ぜています。

クモの巣：1/4サイズ

クモの巣の作り方：P24　シルクハット・魔女帽子の作り方：P29

## カボチャの作り方　基本型：15cm角　1枚

① 十字✛に折りすじをつけ、中心まで折る

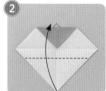

② 図の位置で折る

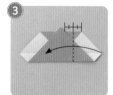

③ 図の位置で折る

④ ③で折った部分を、図の位置で折って戻す

⑤ 角を折る

⑥ ④でつけた折りすじで折る

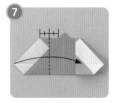

⑦ 反対側も③〜⑥と同様に折る

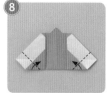

⑧ 図の位置で折る

⑨ 角を折る

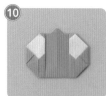

⑩ 図のようになる

⑪ 裏返して、へたの部分に色をあしらう

⑫ 出来上がり

# 冬 クリスマス

キャラクターの
背面には、クラフト紙を使って
オーナメント感を出します。
後ろに1枚貼りつけることで、
キャラクター本体の強度も上がります。

## サンタ帽子の作り方

基本型：1/4サイズ　1枚

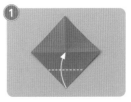

①
十字⊕に折りすじをつけ、中心まで折る

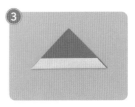

⑤
図の位置で折る

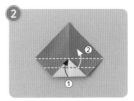

②
①、②の順で折り上げる

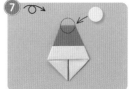

⑥
図のようになる

③
図のようになる

⑦
裏返す。白い丸シール（直径15mm）2枚を、上部の前後で貼り合わせる

④
裏返して、中心線まで折る

⑧
出来上がり

\\ 置きスタイルも かわいい！ //

**POINT**

キャラクターを
吊るすために使った
リボンは2種類。
ツリーにも結べば、
統一感が出ます。

折り紙そのものも使って、お誕生表を作りましょう。
各キャラクターにあわせた小物もちりばめて、壁面全体を盛り上げます！

花の作り方：P19
星の作り方：P22
巻き貝の作り方：P27

花：1/4 サイズ
星：1/4 サイズ
巻き貝：1/4 サイズ

**7**

3　ひまり

22　なぎ

**12**

8　つむぎ

19　あさひ

**3**

1　はると

12　りつ

27　めい

\\ キャラクター部分は
顔のみの使用でも！//

**4**

18　れん

25　ゆいな

## 作り方

- 基本的に、各作品の折りはじめは対辺ないし対角で十字の折りすじをつけます。
- 余分に開いてしまう箇所は、糊やテープで留めてください。
- 1つの写真の中で手順が進行する場合には、⟶ 線を使用しています。
- 写真は同率縮尺ではなく、一部拡大・縮小しています。
- 仕上げには、切った折り紙やシール（着色含む）、フェルトペンなどを使いましょう。

### 折り図記号

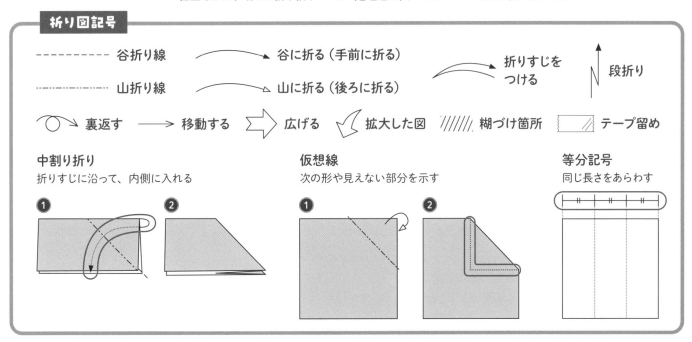

- -------- 谷折り線
- ⟶ 谷に折る（手前に折る）
- ⟶ 折りすじをつける
- 段折り
- -·-·-·- 山折り線
- ⟶ 山に折る（後ろに折る）
- 裏返す
- ⟶ 移動する
- ⟹ 広げる
- 拡大した図
- ///// 糊づけ箇所
- テープ留め

中割り折り
折りすじに沿って、内側に入れる
❶ ❷

仮想線
次の形や見えない部分を示す
❶ ❷

等分記号
同じ長さをあらわす

### 小さいサイズの折り紙の作り方

アイテムによっては、15cm角の折り紙を切った小さいサイズを使用します。
ここでは、その作り方をご説明します。　※これらは面積を等分しています。

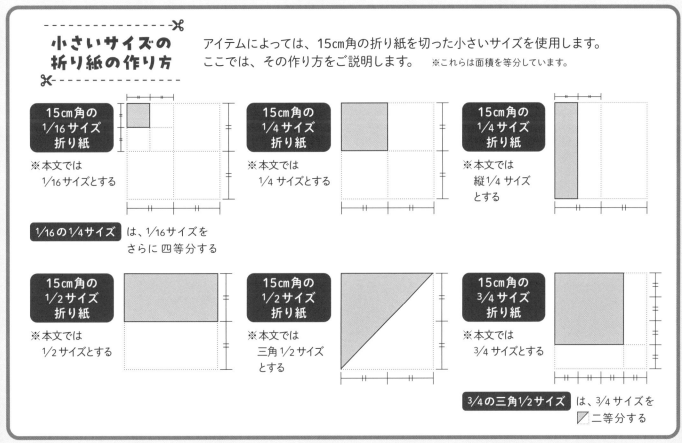

**15cm角の 1/16 サイズ 折り紙**
※本文では 1/16 サイズとする

**15cm角の 1/4 サイズ 折り紙**
※本文では 1/4 サイズとする

**15cm角の 1/4 サイズ 折り紙**
※本文では 縦1/4 サイズとする

**1/16の1/4サイズ** は、1/16サイズを さらに 四等分する

**15cm角の 1/2 サイズ 折り紙**
※本文では 1/2 サイズとする

**15cm角の 1/2 サイズ 折り紙**
※本文では 三角1/2 サイズとする

**15cm角の 3/4 サイズ 折り紙**
※本文では 3/4 サイズとする

**3/4の三角1/2サイズ** は、3/4サイズを 二等分する

## 1 体

15cm角　1枚
ピグレット　3/4 サイズ　1枚
エイリアンの体：P51 参照
サリーの体：P52-53 参照

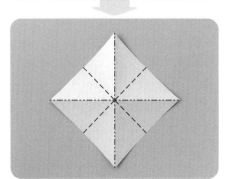

**1** 十字✛の折りすじを山折りでつけてから、谷折り◇で折りすじをつける

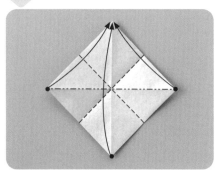

**2** 折りすじ通りに折りながら、●の角を1か所に集める

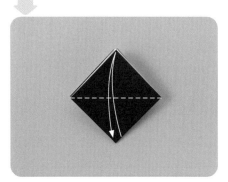

**3** 折って戻す

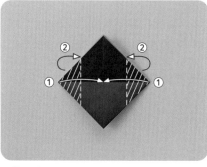

**4** ①上を中心まで折り、図の位置で貼り合わせる
②下も同様に折り、貼り合わせる

**5** 折って戻す。この時、折りすじをしっかりつける

**6** ページをめくるように前後を折り、**5**の折りすじを再度しっかりつける

**7** **6**でつけた折りすじで広げる

M字を
イメージ
しながら、
つぶす

**8** ①図のようになる
②図の位置で折る
（反対側も同様）

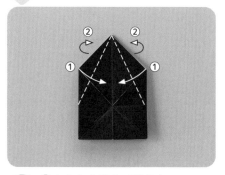

**9** ページをめくるように、前後を折る

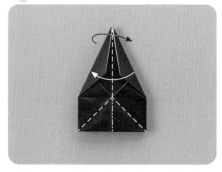

**10** ①上を中心線まで折る
②下も同様に折る

**11** ページをめくるように、折りすじに合わせて前後を折り、**9**の面に戻す

**12** ⓫の詳細

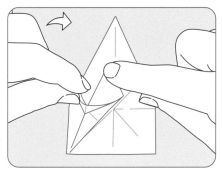

**16** ⓯の詳細

**20** 指人形用のサックの出来上がり

**13** 出来上がり

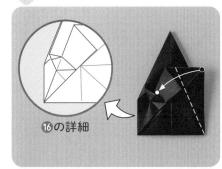

⓰の詳細

**17** 反対側も同様に折る

> **2**
>
> ミッキーマウス・
> ミニーマウス
>
> 顔：1/2 サイズ　1枚
> 頭：1/2 サイズ　1枚
> 耳：1/2 サイズ　1枚

<指人形用のサックを作る>

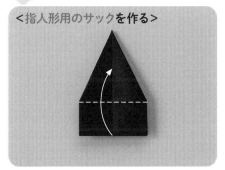

**14** 上のみ折り上げる

**18** 図のようになる

<顔>

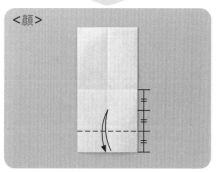

**1** 十字⊞に折りすじをつけ、図の位置で折って戻す

**15** ●と○を合わせ、ついてくる部分を三角形につぶす

**19** 重なりを広げ、貼り合わせる

**2** 図のようになる

35

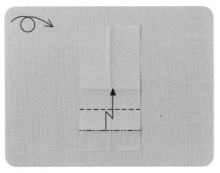

**3** 裏返して山折り線をつまみ、中心線まで段折りをする

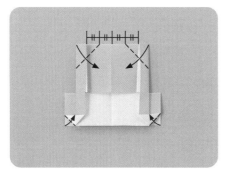

**7** 角を折る

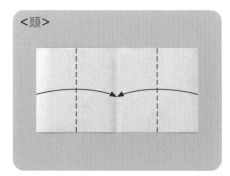

&lt;頭&gt;

**11** 縦□に折りすじをつけ、中心線まで折る

**4** 図のようになる

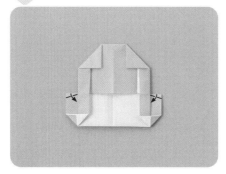

**8** 角を折る

**12** 後ろの中心線まで折る

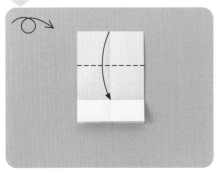

**5** 裏返して、図の位置で折る

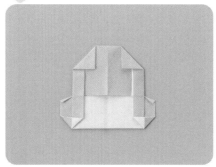

**9** 図のようになる

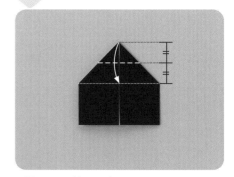

**13** 図の位置で折る

**6** 図の位置で折り、ついてくる部分を三角形につぶす

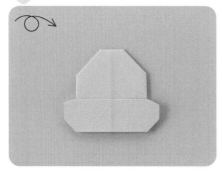

**10** 裏返して、顔の出来上がり

**14** 頭の出来上がり

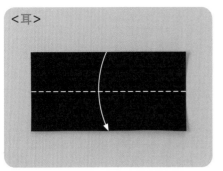

⑮ 半分に折る

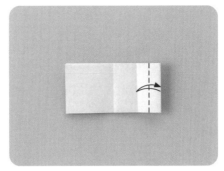

⑲ 折りすじまで折って戻す

㉓ 図のようになる

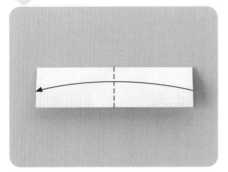

⑯ 半分に折る

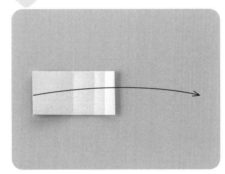

⑳ 上のみ開く

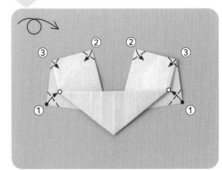

㉔ ①●と○を合わせて折る
　②①と同等の面積で折る
　③角を折る

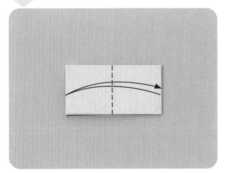

⑰ 半分に折って戻す

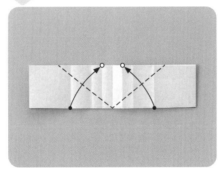

㉑ ●と○を合わせ、ななめに折り上げる

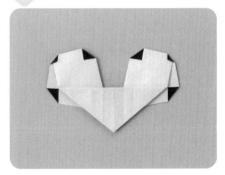

㉕ 図のようになる

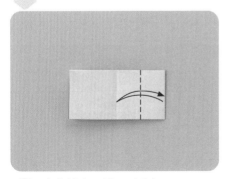

⑱ 中心線まで折って戻す

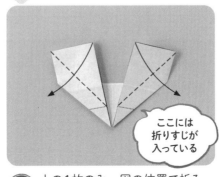

㉒ 上の1枚のみ、図の位置で折る

ここには
折りすじが
入っている

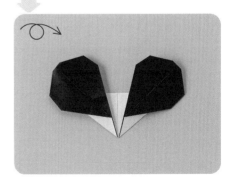

㉖ 裏返して、耳の出来上がり

37

**<顔・頭・耳をセットする>**

**27** ❾顔に糊をつける

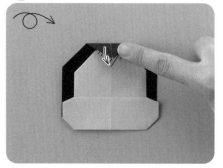

**28** 裏返して、⓮頭と貼り合わせる。上部も貼る

**29** 図のようになる

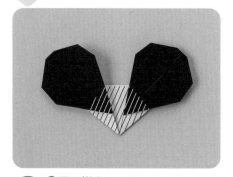

**30** ㉖耳に糊をつける

---

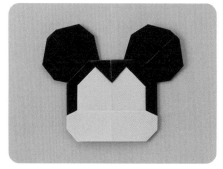

**31** ㉙と貼り合わせて、セットの出来上がり

**<㉛・❶体⓭をセットする>**

**32** ㉛の人差し指の位置（図）に、❶体⓭を差し込む

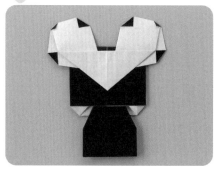

**33** （後ろから見た図）位置を決めて貼り合わせ、セットの出来上がり

**<立体にする>**

**34** ㉝の体の両側面を、少し広げる

---

**35** 立体の出来上がり

**3**

# リボン・蝶ネクタイ

ミニーマウス・デイジーダック：
1/4 サイズ　1枚
ドナルドダック・白雪姫：
1/16 サイズ　1枚

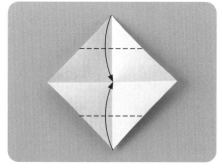

**1** 十字◈に折りすじをつけ、中心まで折る

**2** 中心線まで折る

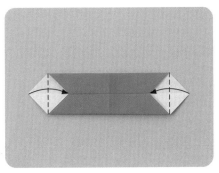

**3** 角を折る

**7** 図のようになる

&lt;ミニーマウス・
デイジーダックのリボン&gt;

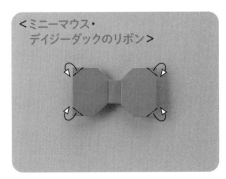

**11** 角を後ろに折る

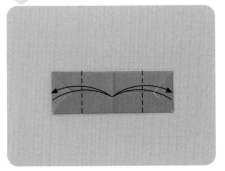

**4** 中心線まで折って戻す

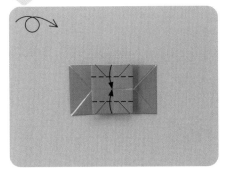

**8** 裏返して中心線まで折り、ついてくる部分を三角形につぶす

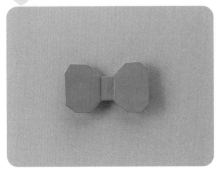

**12** ミニーマウス・デイジーダックのリボンの出来上がり

**5** 図のようになる

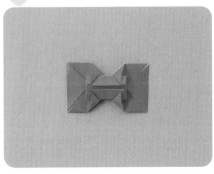

**9** 図のようになる

### 4

# ドナルドダック・デイジーダック

顔：1/2 サイズ　1枚
ドナルドダックの帽子：1/4 サイズ　1枚
帽子用リボン：P72 型紙参照　1枚

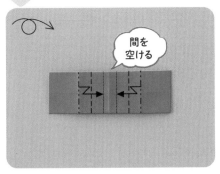

間を
空ける

**6** 裏返して山折り線をつまみ、**7** も参考にして段折りをする

&lt;ドナルドダックの蝶ネクタイ・
白雪姫のリボン&gt;

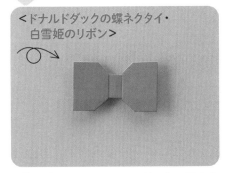

**10** 裏返して、ドナルドダックの蝶ネクタイ・白雪姫のリボンの出来上がり

&lt;顔&gt;

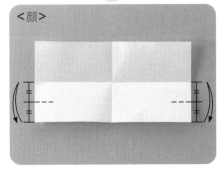

**1** 十字⊞に折りすじをつけてから、印をつけて戻す

**2** ①でつけた印を目安に、図の位置で折る

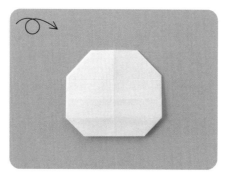

**6** 裏返して、顔の出来上がり

**10** 図のようになる

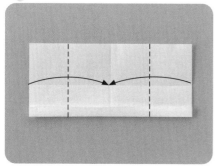

**3** 中心線まで折る

**＜ドナルドダックの帽子＞**

**7** 十字田に折りすじをつけ、中心線まで折る

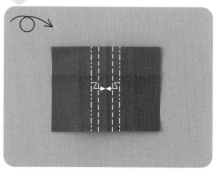

**11** 裏返して❾でつけた折りすじをつまみ、中心線まで段折りをする

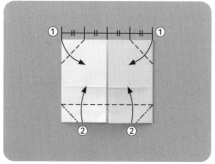

**4** ①角を折る
②上のみ折りすじまで折り、ついてくる部分を三角形につぶす

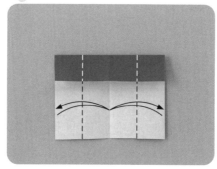

**8** 中心線まで折って戻す

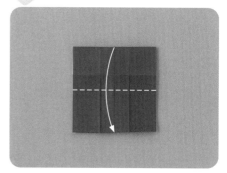

**12** 半分に折る

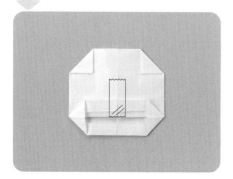

**5** 図の位置でテープ留め

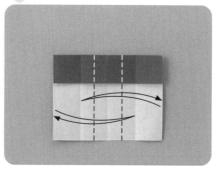

**9** ❽でつけた折りすじまで折って戻す

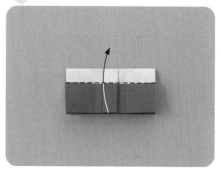

**13** 上のみ、色の境目で折り上げる

14 図のようになる

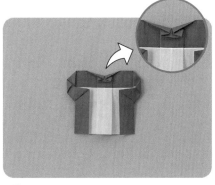

18 図のようになる

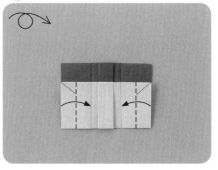

15 裏返して折りすじまで折り、ついてくる部分を三角形につぶす

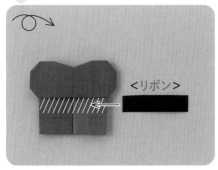

＜リボン＞

19 裏返して、リボンを貼る

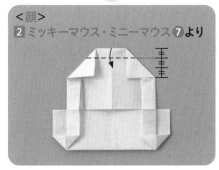

＜顔＞
2 ミッキーマウス・ミニーマウス 7 より

1 図の位置で折る

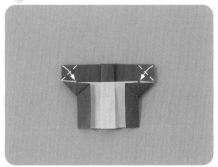

16 角を折る

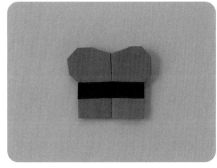

20 ドナルドダックの帽子の出来上がり

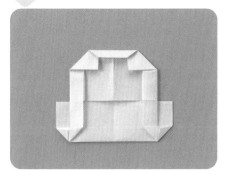

2 図のようになる

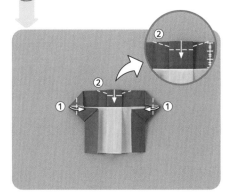

17 ①角を折る
②図の位置で折り、ついてくる部分を三角形につぶす

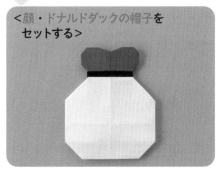

＜顔・ドナルドダックの帽子をセットする＞

21 図のリボンの太さを参考に、6 顔と 20 ドナルドダックの帽子を貼り合わせて、セットの出来上がり

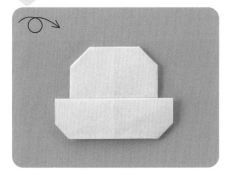

3 裏返して、顔の出来上がり

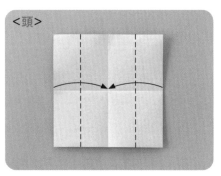

**&lt;頭&gt;**

④ 十字⊞に折りすじをつけ、中心線まで折る

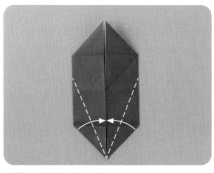

⑧ 中心線まで折る

**&lt;顔・頭をセットする&gt;**

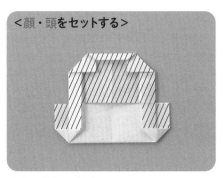

⑫ ❷顔に糊をつける

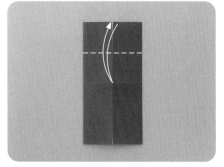

⑤ 中心線まで折って戻す

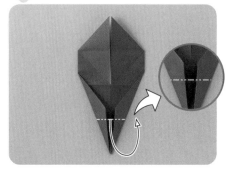

⑨ 図の位置で、後ろに折る

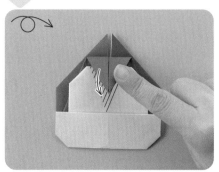

⑬ 裏返して、⓫頭と貼り合わせる。上部も貼る

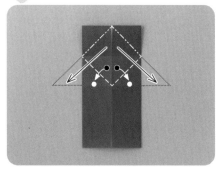

⑥ ●と○を合わせるように折り、ついてくる部分を三角形につぶす

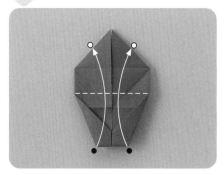

⑩ ●と○のラインを合わせる

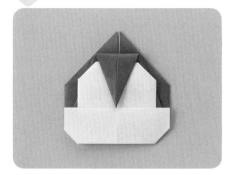

⑭ セットの出来上がり

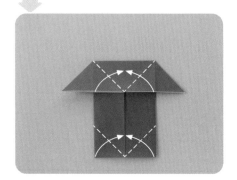

⑦ 中心線まで折る

⑪ 頭の出来上がり

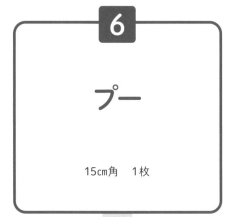

**6**

## プー

15cm角　1枚

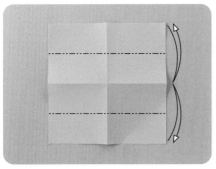

**1** 十字田に折りすじをつけ、中心線まで折って戻す

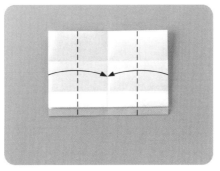

**5** 中心線まで折る

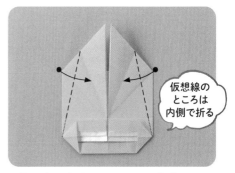

仮想線のところは内側で折る

**9** ⑩も参考にして、●と⑧②でつけた折りすじを合わせる

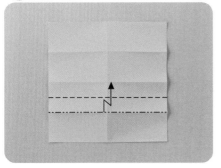

**2** 山折り線をつまみ、中心線まで段折りをする

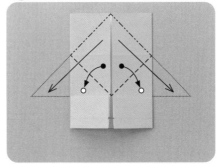

**6** ●と○を合わせるように折り、ついてくる部分を三角形につぶす

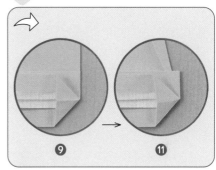

**10** 内側で折る部分の詳細

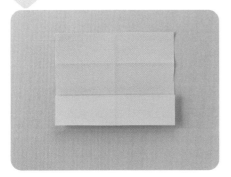

**3** 図のようになる

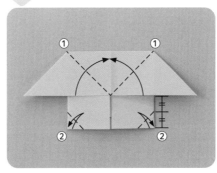

**7** ①中心線まで折る
②角を折って戻す

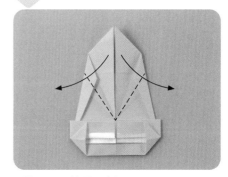

**11** 図の位置で折る

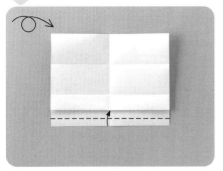

**4** 裏返して、矢印の先まで折る

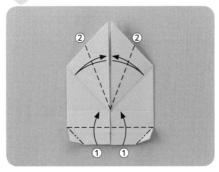

**8** ①矢印の先まで折り、ついてくる部分を三角形につぶす
②折りすじまで折って戻す

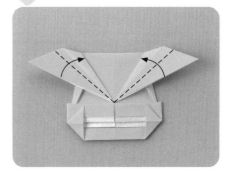

**12** 矢印の先まで折る

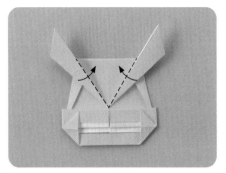

**13** 図の位置で折る

**17** 角を折る。図の位置でテープ留め

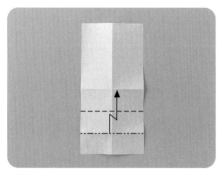

**2** 山折り線をつまみ、中心線まで段折りをする

**14** 角を折る

**18** 裏返して、出来上がり

**3** 図のようになる

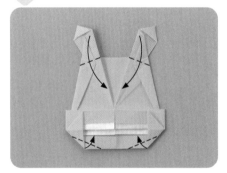

**15** 図の位置で折る

### 7

# ピグレット

顔：1/2 サイズ　1枚
耳：1/2 サイズ　1枚

**4** 裏返して、上のみ折って戻す

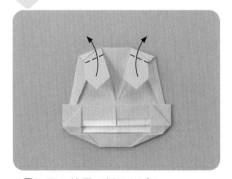

**16** 図の位置で折り上げる

<顔>

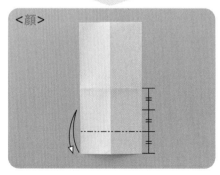

**1** 十字⊞に折りすじをつけ、図の位置で後ろに折って戻す

**5** **4**でつけた折りすじまで折る

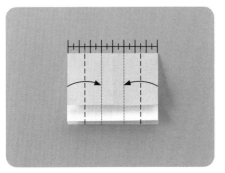

**6** 図の位置で折る

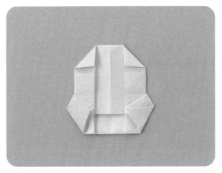

**10** 図のようになる

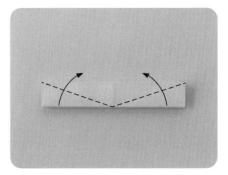

**14** 上のみ、ななめに折り上げる

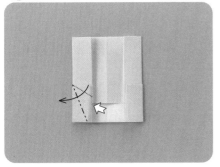

**7** ⇦のところで広げ、三角形につぶす

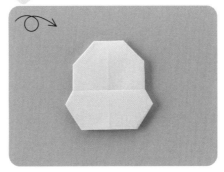

**11** 裏返して、顔の出来上がり

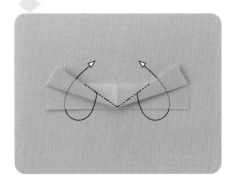

**15** 後ろに折り上げる

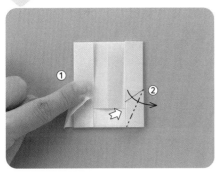

**8** ①指でつぶしている図
②反対側も同様に折る

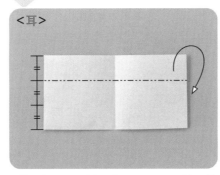

**12** 縦□□に折りすじをつけ、図の位置で後ろに折る

&lt;耳&gt;

**16** 図の位置で折る

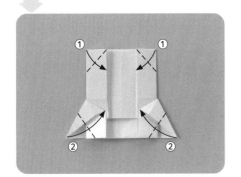

**9** ①角を折る
②矢印の先まで折る

**13** 矢印の先まで折る

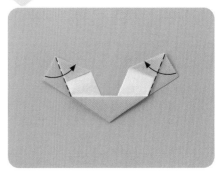

**17** 矢印の先まで折る

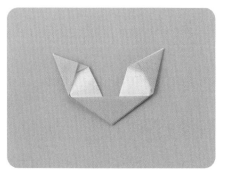

18 図のようになる

# 8

# イーヨー

顔：1/2 サイズ　1枚
耳：1/2 サイズ　2枚
たてがみ：1/16 サイズ　1枚

4 折りすじまで折る

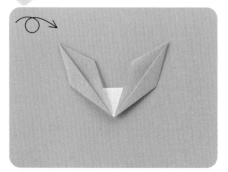

19 裏返して、耳の出来上がり

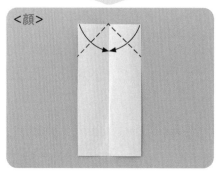

<顔>

1 縦□に折りすじをつけ、中心線まで折る

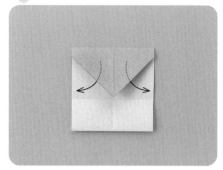

5 ①で折ったところを戻す

<顔・耳をセットする>

20 ⑲耳に糊をつける

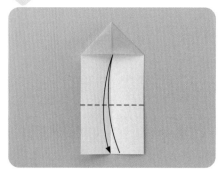

2 図の位置で折って戻す

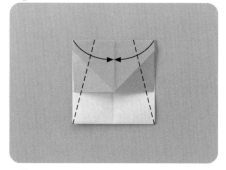

6 角を中心線に合わせて折る

21 ⑪顔と貼り合わせて、セットの出来上がり

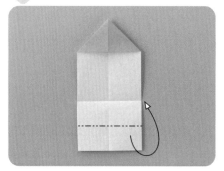

3 折りすじまで後ろに折る

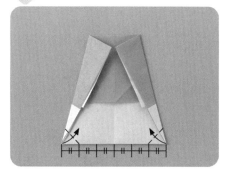

7 図の位置で折る

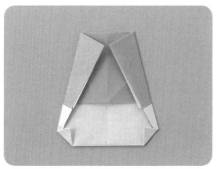

⑧ 図のようになる

⑫ ⑪でつけた折りすじまで折る

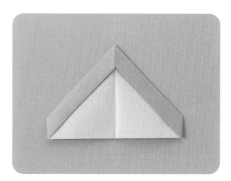

⑯ 耳の出来上がり

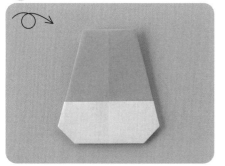

⑨ 裏返して、顔の出来上がり

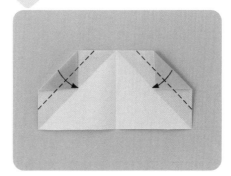

⑬ 折りすじまで折る

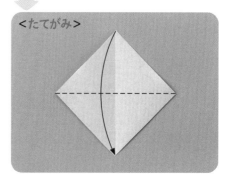

＜たてがみ＞

⑰ 縦◇に折りすじをつけ、半分に折る

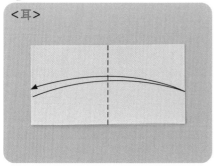

＜耳＞

⑩ 2枚を裏面同士で貼り合わせ、半分に折って戻す

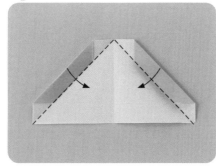

⑭ 折りすじで折る

⑱ 中心線まで折る

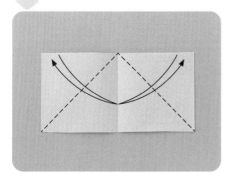

⑪ 中心線まで折って戻す

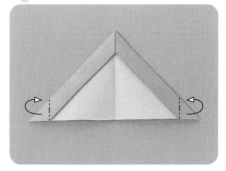

⑮ 角を後ろに折る

上部をそろえる

⑲ 上のみ折り上げる

47

**20** 図のようになる

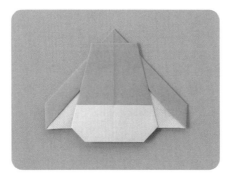

**24** 図のようになる

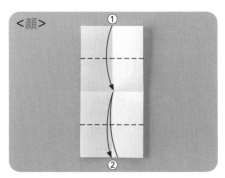

<顔>

**1** 十字⊞に折りすじをつけ、
①中心線まで折る
②中心線まで折って戻す

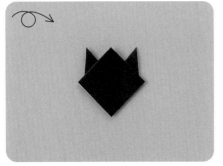

**21** 裏返して、たてがみの出来上がり

**25** ㉔の上部に㉑たてがみをかぶせて、
貼り合わせる

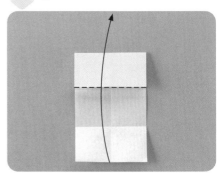

**2** 図の位置で折り上げる

<顔・耳・たてがみをセットする>

**22** ❽顔に糊をつける

**26** セットの出来上がり

**3** 上の1枚のみ、図の位置で折る

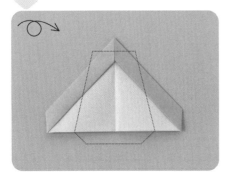

**23** 裏返して、⓰耳と図の位置で貼り
合わせる

# 9

# ティガー

顔：1/2 サイズ　1枚
頭：15cm角　1枚
眉：P75 型紙参照　1枚

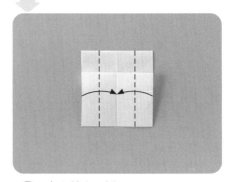

**4** 中心線まで折る

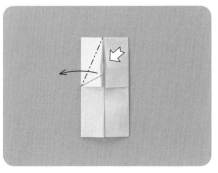

**5** ⇦のところで広げ、三角形につぶす

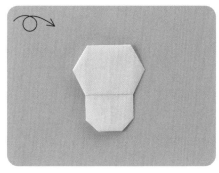

**9** 裏返して、顔の出来上がり

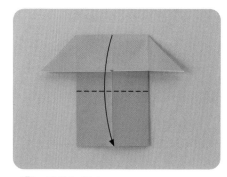

**13** 半分に折る

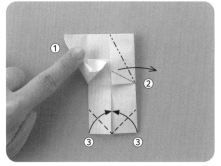

**6** ①指でつぶしている図
②反対側も同様に折る
③角を折る

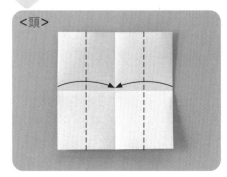

**10** 十字田に折りすじをつけ、中心線まで折る

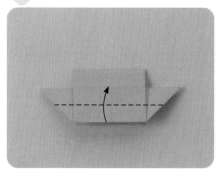

**14** 上のみ、折りすじまで折る

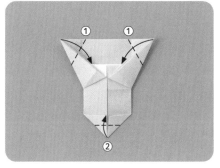

**7** ①色の境目まで折る
②角を折る

**11** 中心線まで折って戻す

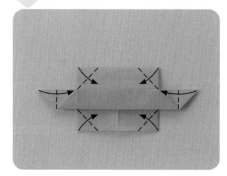

**15** 角を折る

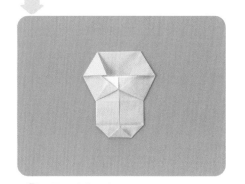

**8** 図のようになる

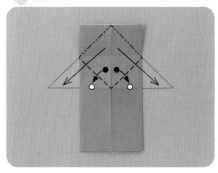

**12** ●と○を合わせるように折り、ついてくる部分を三角形につぶす

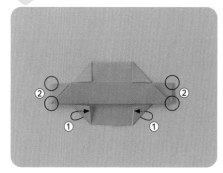

**16** ①中割り折りにする
②丸囲みのところを谷折り

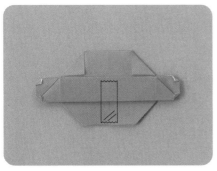

17 各角は、図のようになる。図の位置でテープ留め

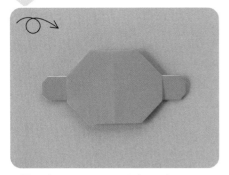

18 裏返して、頭の出来上がり

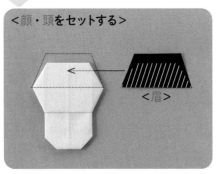

**<顔・頭をセットする>**

<眉>

19 眉に糊をつけ、❾顔の後ろに貼る

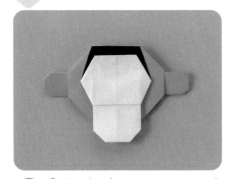

20 ⓲頭と貼り合わせて、セットの出来上がり

# 10

# エイリアン

顔：15cm角　1枚
触角の丸：P76 型紙参照　1枚
体：15cm角　1枚

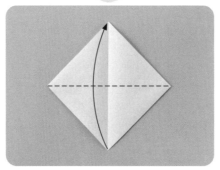

1 縦◇に折りすじをつけ、半分に折る

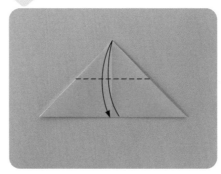

2 折って戻す

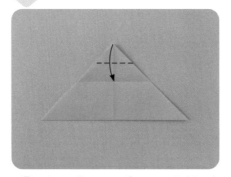

3 上の1枚のみ、❷でつけた折りすじまで折る

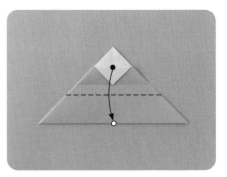

4 ●と○のラインを合わせる

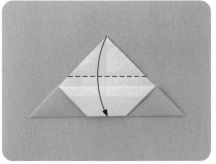

5 ❷でつけた折りすじで折る

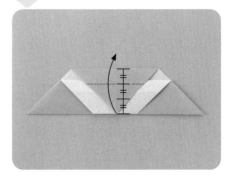

6 上の1枚のみ、図の位置で折り上げる

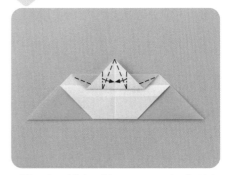

7 中心線まで折り、ついてくる部分を三角形につぶす

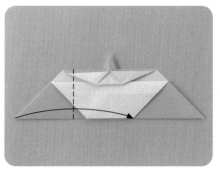

**8** 矢印の先まで折る

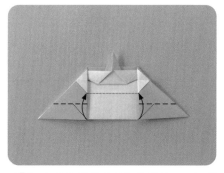

**12** 上のみ折りすじまで折り、ついてくる部分を三角形につぶす

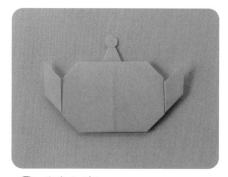

**16** 出来上がり

**9** 角を折る

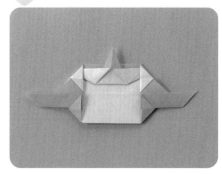

**13** 図のようになる

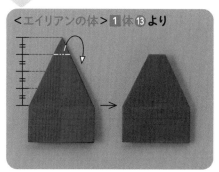

<エイリアンの体> **1** 体⑬より

**17** 上部を図の位置で後ろに折り、短くして出来上がり

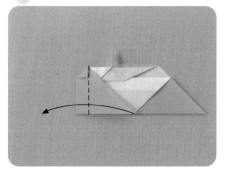

**10** 図の位置で折る

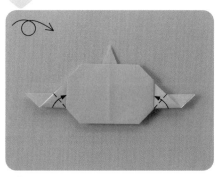

**14** 裏返して、図の位置で折る

**11**

# サリー

顔：15cm角　1枚
体：15cm角　1枚

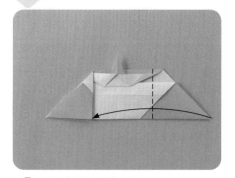

**11** 反対側も同様に折る

**15** 図のようになる。丸く切った同色の折り紙を、上部に貼る

<触角の丸>

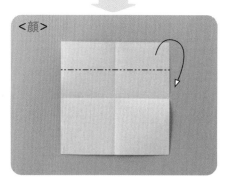

<顔>

**1** 十字⊞に折りすじをつけ、後ろの中心線まで折る

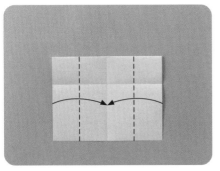

**2** 中心線まで折る

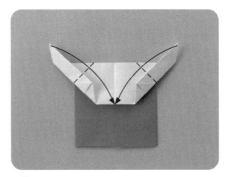

**6** 図の位置で折る

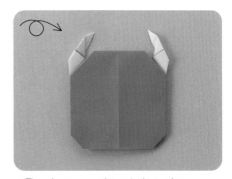

**10** 裏返して、顔の出来上がり

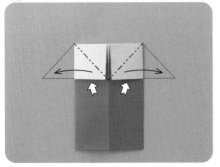

**3** ⇧のところで広げ、三角形につぶす

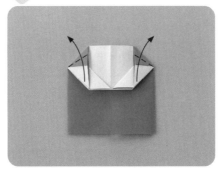

**7** 図の位置で折り上げる

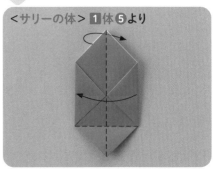

**＜サリーの体＞ 1体5より**

**11** ページをめくるように前後を折り、1体5の折りすじを再度しっかりつける

**4** 図の位置で折る

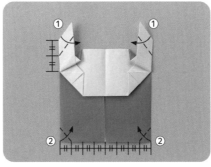

**8** ①図の位置で、ななめに折る
②図の位置で折る

**12** ⓫でつけた折りすじで広げる

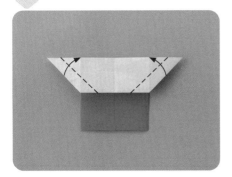

**5** 矢印の先まで折る

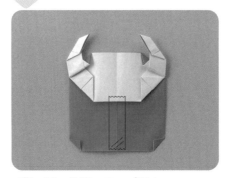

**9** 図の位置でテープ留め

**13** 図のようになる

14 図の位置で折る
（反対側も同様）

M字を
イメージ
しながら、
つぶす

1 十字田に折りすじをつけ、後ろの
中心線まで折る

5 両端を中心線まで折る

15 サリーの体の出来上がり

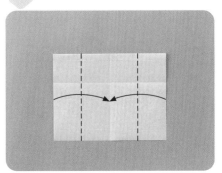

2 中心線まで折る

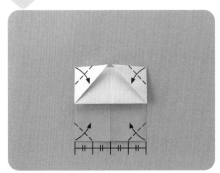

6 角を折る

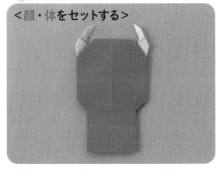

＜顔・体をセットする＞

16 ⑩顔に⑮サリーの体を差し込み、
貼り合わせてセットの出来上がり

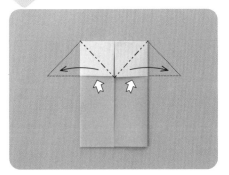

3 ⇧のところを広げ、三角形につぶす

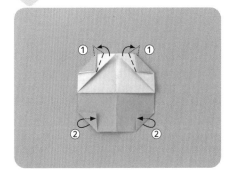

7 ①折り上げる
②中割り折りにする

12

# マイク

15cm角　1枚

4 図の位置で折る

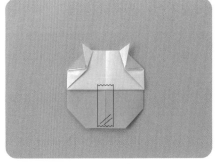

8 図の位置でテープ留め

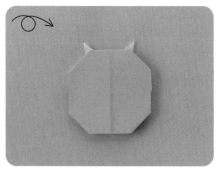

**9** 裏返して、出来上がり

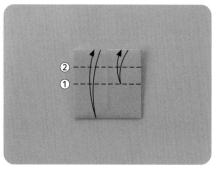

**3** 上のみ、①②の順で折って戻す

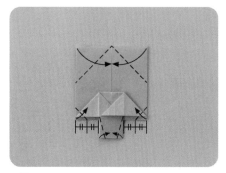

**7** 角を折る

---

# 13

# ダンボ

顔：15cm角　1枚
耳：1/2 サイズ　2枚
襟：1/4 サイズ　1枚
帽子（男雛の冠）：
　　1/4 サイズ　1枚

**4** 上のみ、●と○のラインを合わせる

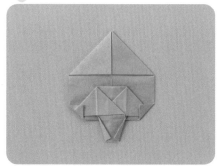

**8** 図のようになる

---

&lt;顔&gt;

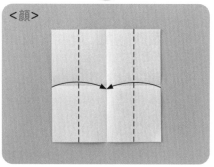

**1** 十字田に折りすじをつけ、中心線まで折る

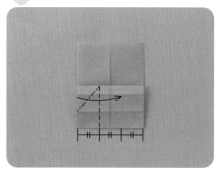

**5** 図の位置で折り、ついてくる部分を三角形につぶす

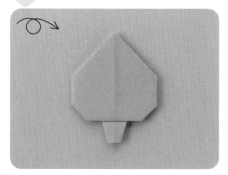

**9** 裏返して、顔の出来上がり

---

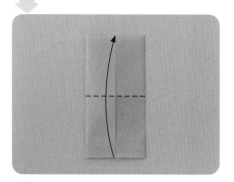

**2** 半分に折る

**6** 反対側も同様に折る

&lt;耳&gt;

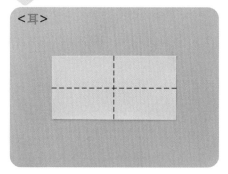

**10** 2枚を裏面同士で貼り合わせ、十字田に折りすじをつける

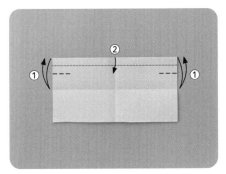

**11** ①印をつけて戻す
②印を目安に、図の位置で折る

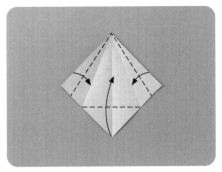

**15** 図の位置で折る

**19** 上の1枚のみ折る

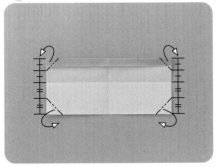

**12** 角を後ろに折る

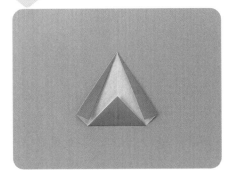

**16** 図のようになる

**20** 図のようになる

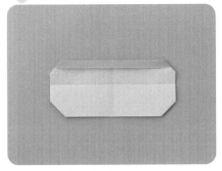

**13** 耳の出来上がり

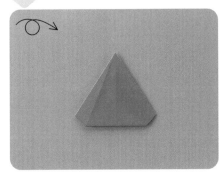

**17** 裏返して、襟の出来上がり

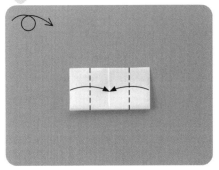

**21** 裏返して、中心線まで折る

&lt;襟&gt;

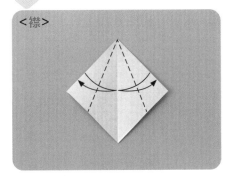

**14** 縦◇に折りすじをつけ、中心線ま
で折って戻す

&lt;帽子（男雛の冠）&gt;

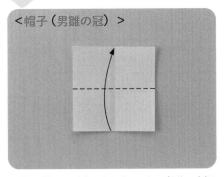

**18** 縦□に折りすじをつけ、半分に折る

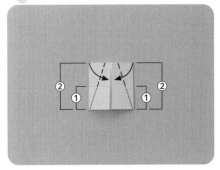

**22** ①折らずに持ち上げながら、
②下を折る（仮想線のところは内
側で折る）

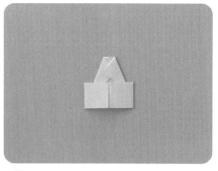

**23** 図のようになる

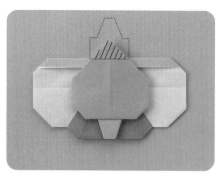

**27** ❾顔と貼り合わせ、図の位置に糊をつける

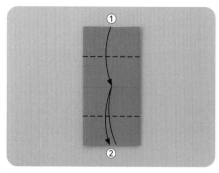

**2** ①中心線まで折る
②中心線まで折って戻す

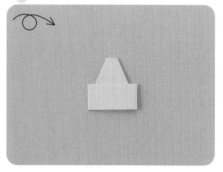

**24** 裏返して、帽子（男雛の冠）の出来上がり

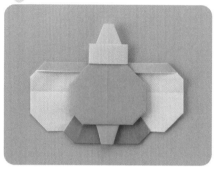

**28** ㉔帽子と貼り合わせて、セットの出来上がり

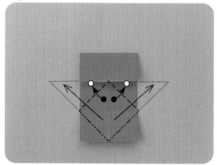

**3** ●と○を合わせるように折り、ついてくる部分を三角形につぶす

＜顔・耳・襟・帽子をセットする＞

**25** ⓰襟に糊をつける

## 14

# チェシャ猫

顔：15cm角　1枚
口まわり：15cm角　1枚

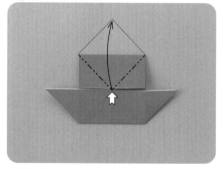

**4** ⇧のところを広げ、折り上げる

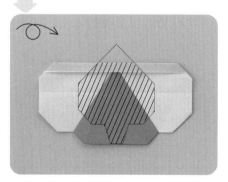

**26** 裏返して⓭耳と貼り合わせ、図の位置に糊をつける

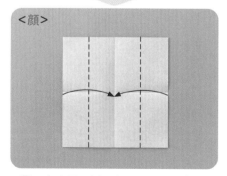

＜顔＞

**1** 十字⊞に折りすじをつけ、中心線まで折る

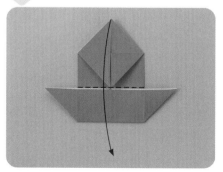

**5** 図の位置で折る

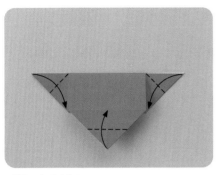

**6** 角を折る

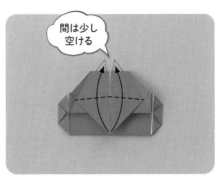

間は少し空ける

**10** 上のみ、図の位置で折り上げる

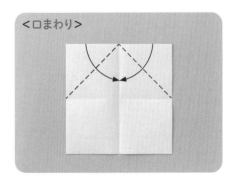

＜口まわり＞

**14** 十字田に折りすじをつけ、中心線まで折る

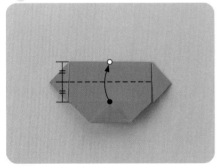

**7** 上のみ、●と○のラインを合わせる。この時、❽を参考に下に出てくる三角形は折らないようにする

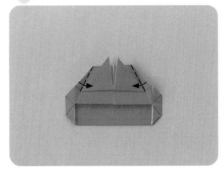

**11** ❾②の折りすじで折る

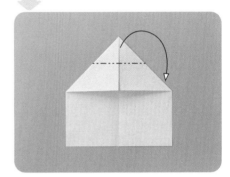

**15** 後ろの中心線まで折る

仮想線の部分が、折らずに出す三角形

**8** 図のようになる

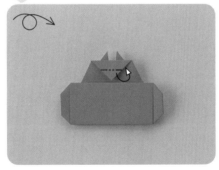

**12** 裏返して、後ろに折る

**16** 図の位置で後ろに折る

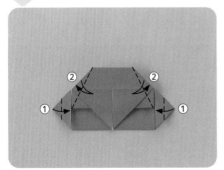

**9** ①角を折る
②図の位置で折って戻す

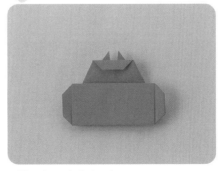

**13** 顔の出来上がり

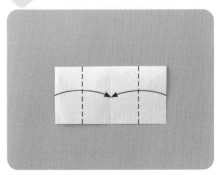

**17** 中心線まで折る

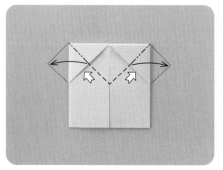

**18** ⇧のところを広げる

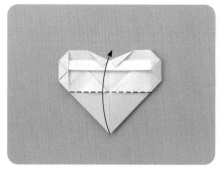

**22** 図の位置で折り上げる

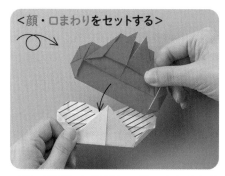

＜顔・口まわりをセットする＞

**26** 裏返した⑬顔と、㉔口まわりを貼り合わせる

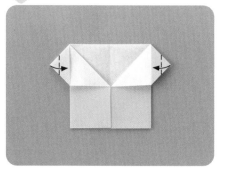

**19** 角を折る

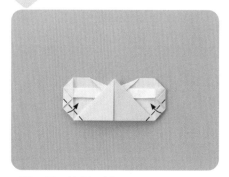

**23** 図の位置で折る

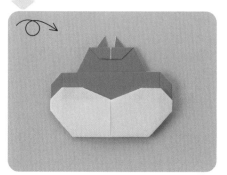

**27** 裏返して、セットの出来上がり

仮想線の
ところは
内側で折る

**20** ㉑も参考にして、重なっている白地部分の上のみを折る

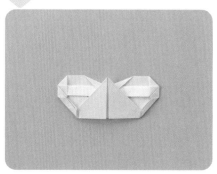

**24** 図のようになる

**15**

# スティッチ・
エンジェル

顔：15cm角　1枚
耳：三角 1/2 サイズ　2枚
エンジェルの触角：縦 1/4 サイズ　2枚

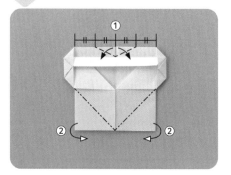

**21** ①図の位置で折る
②後ろに折る

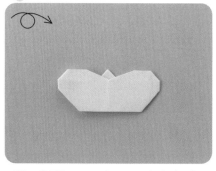

**25** 裏返して、口まわりの出来上がり

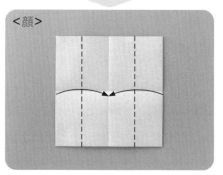

＜顔＞

**1** 十字⊞に折りすじをつけ、中心線まで折る

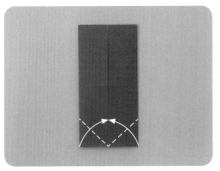

**2** 中心線まで折る

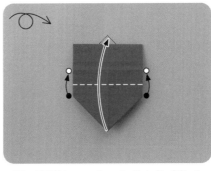

**6** 裏返して、上のみ●と○（**4**でつけた折りすじ）のラインを合わせて折り上げる

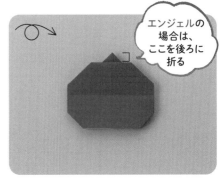

エンジェルの場合は、ここを後ろに折る

**10** 裏返して、スティッチの顔の出来上がり。エンジェルの顔は、上部を後ろに折る

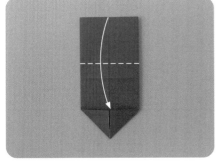

**3** 矢印の先まで折る

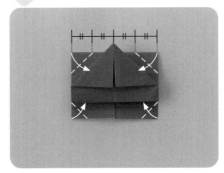

**7** 角を折る

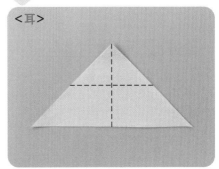

＜耳＞

**11** 2枚を裏面同士で貼り合わせ、十字△に折りすじをつける

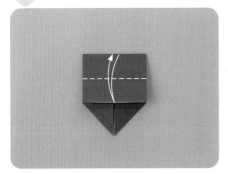

**4** 折って戻す

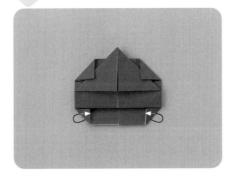

**8** 中割り折りにする

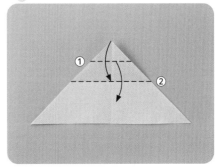

**12** ①折りすじまで折る
②折りすじで折る

**5** 図のようになる

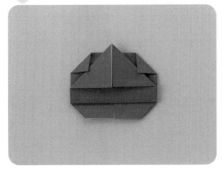

**9** 図のようになる

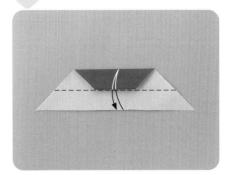

**13** 折って戻す

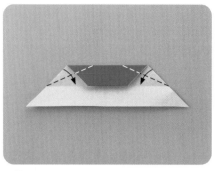

⑭ 折りすじまで折る

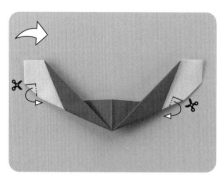

⑱ 図の位置で切り込みを入れ、後ろに折る

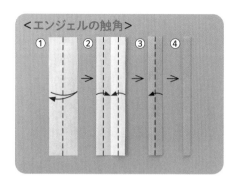

＜エンジェルの触角＞
① ② ③ ④

㉒ ④を2本作る

⑮ ⑬でつけた折りすじで折る

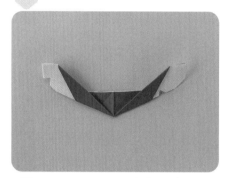

⑲ スティッチの耳の出来上がり

＜エンジェルの顔・耳・触角をセットする＞

㉓ 裏返した⑩エンジェルの顔と⑰エンジェルの耳を貼り合わせる

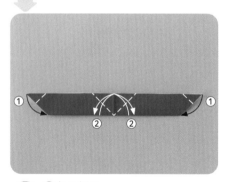

⑯ ①角を折る
②中心線まで折って戻す

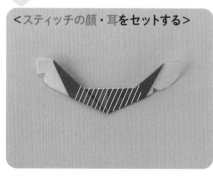

＜スティッチの顔・耳をセットする＞

⑳ ⑲スティッチの耳に糊をつける

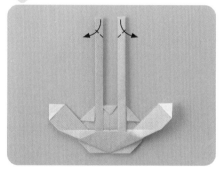

㉔ ㉒エンジェルの触角を㉓に差し込み、貼り合わせて図の位置で折る

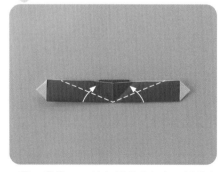

⑰ ⑯②でつけた折りすじまで折り上げる（エンジェルの耳の出来上がり）

㉑ ⑩スティッチの顔と貼り合わせて、セットの出来上がり

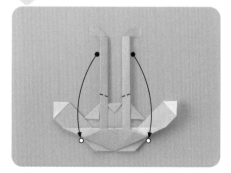

㉕ 図のようになったあと、●と○を合わせるように折る

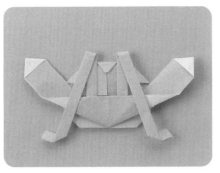

**26** 図のようになる

**2** 図のようになる

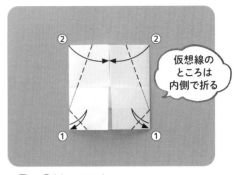

仮想線の
ところは
内側で折る

**6** ①折って戻す
②**7**も参考にして、角を中心線に
合わせて折る

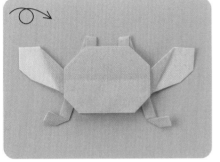

**27** 裏返して、セットの出来上がり

---

## 16

# オラフ

15cm角　1枚

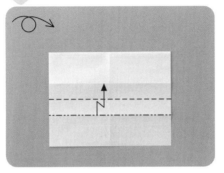

**3** 裏返して山折り線をつまみ、中心
線まで段折りをする

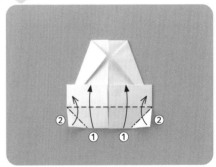

**7** ①上の1枚のみ折り、
②ついてくる部分を三角形につぶす

**1** 十字田に折りすじをつけ、
①中心線まで折る
②中心線まで折って戻す

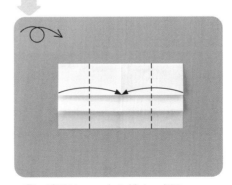

**4** 図のようになる

**5** 裏返して、中心線まで折る

**8** 角を折る

**9** 図の位置で折る

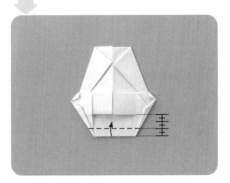

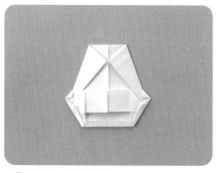

**10** 図のようになる

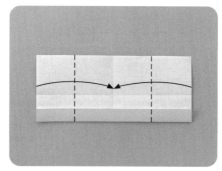

**2** 中心線まで折る

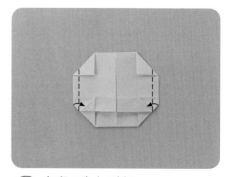

**6** 矢印の先まで折る

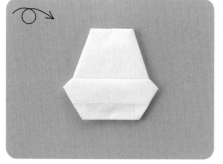

**11** 裏返して、出来上がり

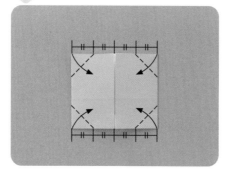

**3** 角を折る

**7** 角を少し折る

## 17

# 人物の顔

1/2 サイズ　1枚

**4** 中割り折りにする

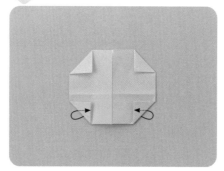

**8** 図の位置でテープ留め。人物の顔のみの指人形にする場合、図の◆のところが指を入れる箇所

**1** 十字⊞に折りすじをつけ、図の位置で折る

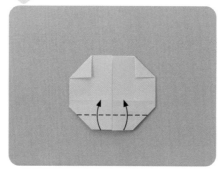

**5** 上のみ、折りすじまで折る

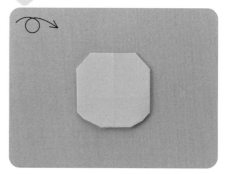

**9** 裏返して、出来上がり

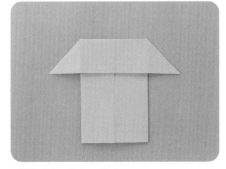

## 18 アリスの頭髪

15cm角　1枚

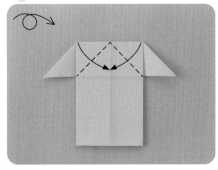

④ 図のようになる

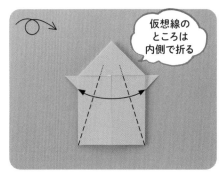

仮想線の
ところは
内側で折る

⑧ 裏返し、⑨も参考にして、上の1枚のみ左右に開きながら矢印の先まで折る

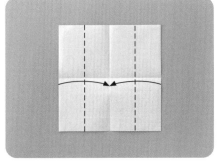

① 十字田に折りすじをつけ、中心線まで折る

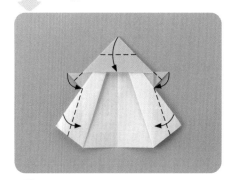

⑤ 裏返して、中心線まで折る

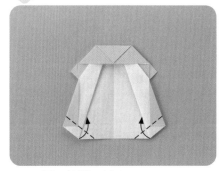

⑨ 図の位置で折る

② 中心線まで折って戻す

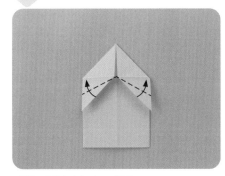

⑥ 折りすじまで折る

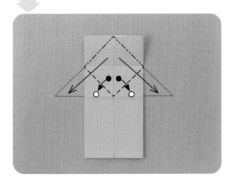

⑩ 図の位置で折る

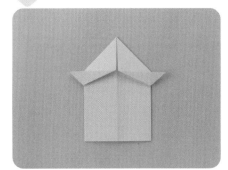

③ ●と○を合わせるように折り、ついてくる部分を三角形につぶす

⑦ 図のようになる

⑪ 図のようになる

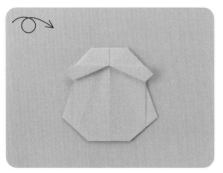

**12** 裏返して、出来上がり

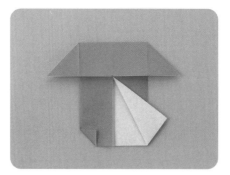

**2** 図のようになる

**6** 図のようになる

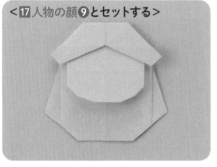

**13** 貼り合わせて、セットの出来上がり

&lt;**17**人物の顔**9**とセットする&gt;

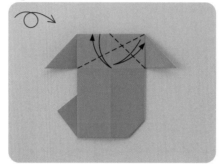

**3** 裏返して、図の位置で折って戻す

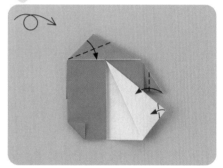

**7** 裏返して、角を折る

---

# 19

# アリエルの頭髪

15cm角　1枚

---

**18**アリスの頭髪**4**より

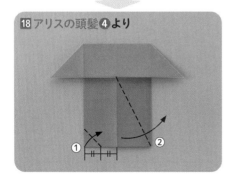

**1** ①角を折る
②上の1枚のみ折る

**4** 角を折る

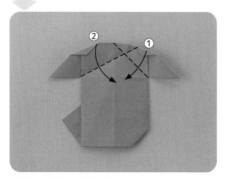

**5** ①②の順で折る

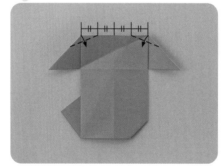

**8** 図のようになる

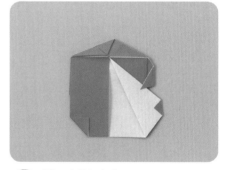

紙が
重なっていて
硬い部分

**9** 裏返して、角を後ろに折る

**10** 出来上がり

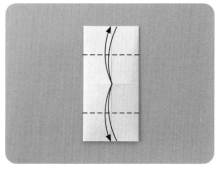

**2** 中心線まで折って戻す

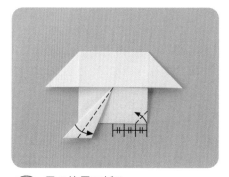

**6** 図の位置で折る

<**17**人物の顔**9**とセットする>

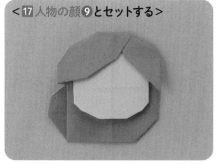

**11** 貼り合わせて、セットの出来上がり

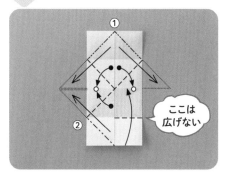

**3** ①②の順に●と○を合わせるように折り、ついてくる部分を三角形につぶす。②を折る際に、ついてくる右側はそのまま谷折り

ここは広げない

**7** 図のようになる

## 20

# エルサの頭髪

15cm角　1枚

**1** 十字田に折りすじをつけ、中心線まで折る

**4** 中心線まで折る

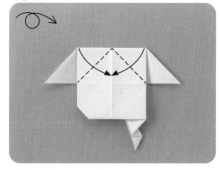

**8** 裏返して、中心線まで折る

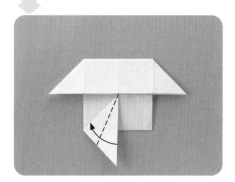

**5** 折りすじまで折る

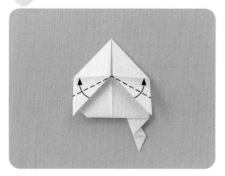

**9** 折りすじまで折る

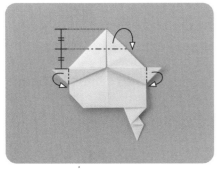

⑩ 図の位置で後ろに折る

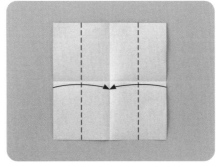

① 十字⊞に折りすじをつけ、中心線まで折る

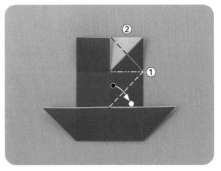

⑤ ①●と○を合わせるように折り、②ついてくる部分を図の位置でつぶす

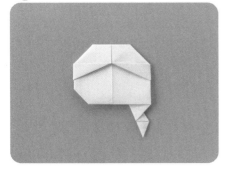

⑪ 出来上がり

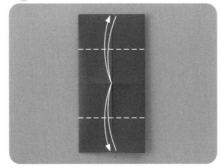

② 中心線まで折って戻す

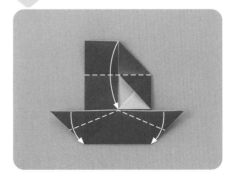

⑥ 図の位置で折る

<⓱人物の顔⑨とセットする>

⑫ 貼り合わせて、セットの出来上がり

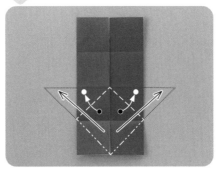

③ ●と○を合わせるように折り、ついてくる部分を三角形につぶす

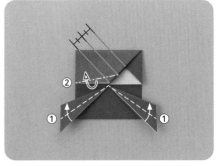

⑦ ①図の位置で折り上げる ②後ろに折る

## 21

# アナの頭髪

15cm角　1枚

④ 上の1枚のみ、内側に折る

⑧ 図の位置で折る

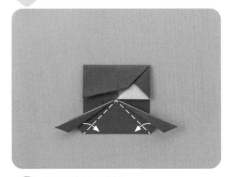

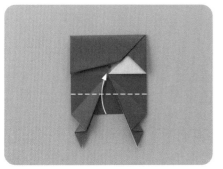

**9** 矢印の先まで折る

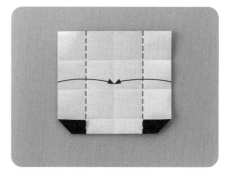

**4** 中心線まで折る

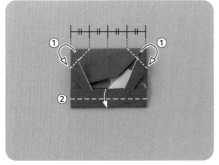

**10** ①角を後ろに折る
②矢印の先まで折る

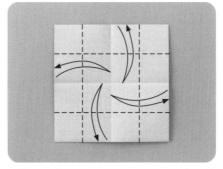

**1** 十字田に折りすじをつけ、中心線まで折って戻す

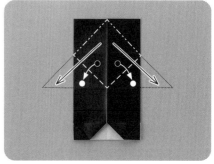

**5** ●と○を合わせるように折り、ついてくる部分を三角形につぶす

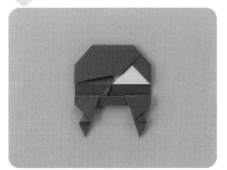

**11** 出来上がり

**2** 角を折る

**6** 図のようになる

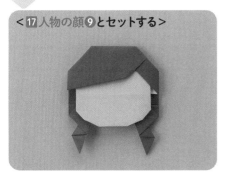

< 17 人物の顔 9 とセットする>

**12** 貼り合わせて、セットの出来上がり

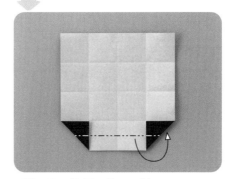

**3** 図の位置で後ろに折る

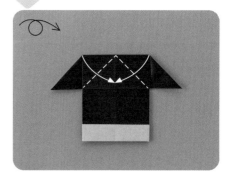

**7** 裏返して、中心線まで折る

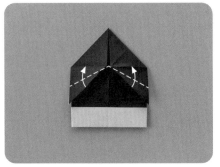

8 折りすじまで折る

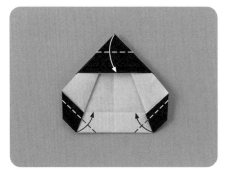

12 図の位置で折る

9 図のようになる

13 図のようになる

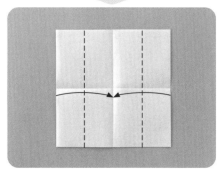

1 十字⊞に折りすじをつけ、中心線まで折る

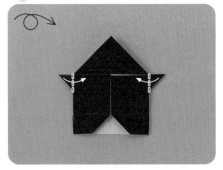

10 裏返して、角を折る

14 裏返して、出来上がり

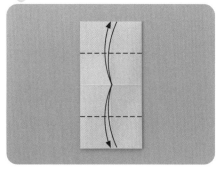

2 中心線まで折って戻す

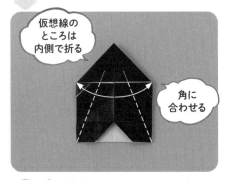

仮想線の
ところは
内側で折る

角に
合わせる

11 12も参考にして、上のみ左右に開きながら図の位置で折る

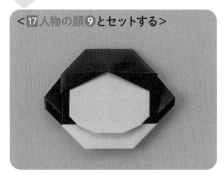

<17 人物の顔9 とセットする>

15 貼り合わせて、セットの出来上がり

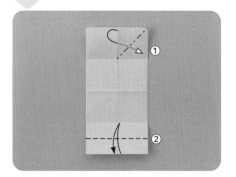

①内側に折る
②折りすじまで折って戻す

3 ①内側に折る
②折りすじまで折って戻す

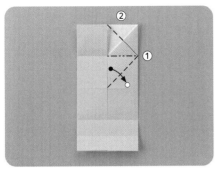

**4** ①●と○を合わせるように折り、②ついてくる部分を図の位置でつぶす

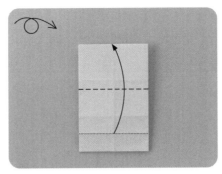

**8** 裏返して、❸②でつけた折りすじ（仮想線のところ）を矢印の先まで折り上げる

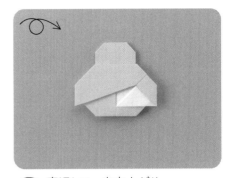

**12** 裏返して、出来上がり

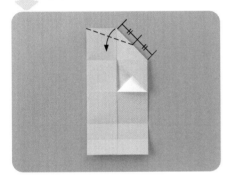

**5** 図の位置で折る

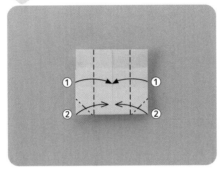

**9** ①上のみ中心線まで折り、②ついてくる部分を三角形につぶす

**<17 人物の顔⑨とセットする>**

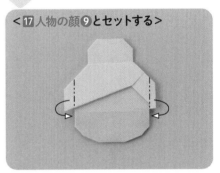

**13** ⑫と17 人物の顔⑨を貼り合わせ、図の位置で後ろに折る

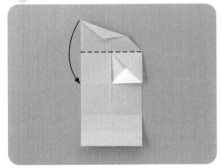

**6** 図の位置で折る

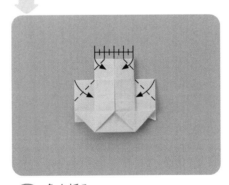

**10** 角を折る

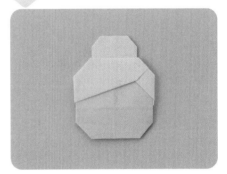

**14** 図のようになり、セットの出来上がり

**7** 図のようになる

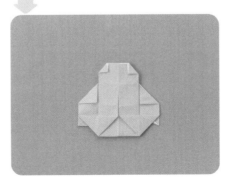

**11** 図のようになる

# キャラクター型紙（原寸大）

ミッキーマウス

チップ

ミニーマウス

デール

ドナルドダック

デイジーダック

ドナルドダックの
帽子用リボン

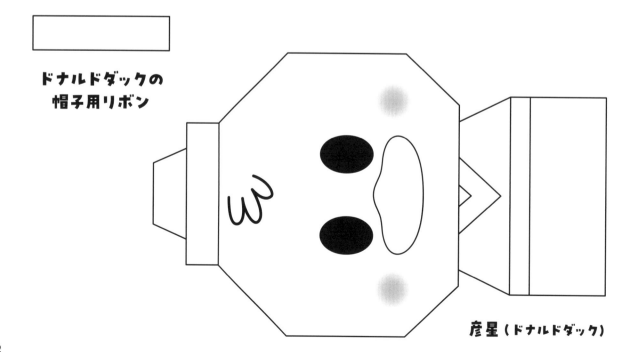

彦星（ドナルドダック）

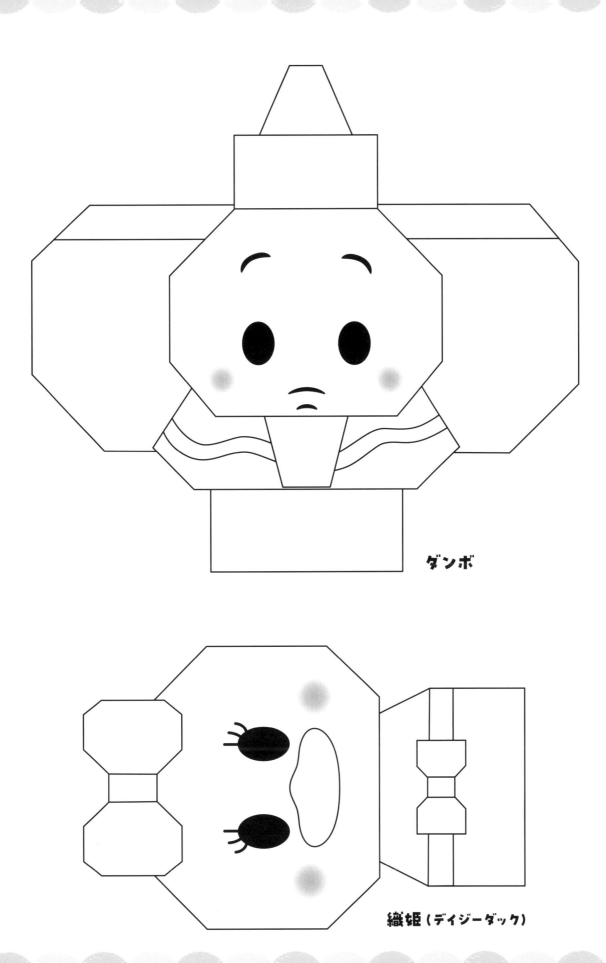

ダンボ

織姫（デイジーダック）

プー

ピグレット

イーヨー

ティガー

ティガーの眉

アリス

チェシャ猫

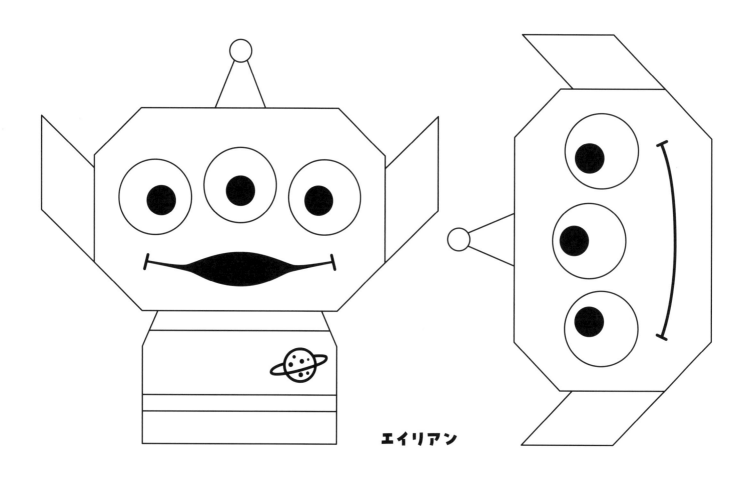

エイリアン

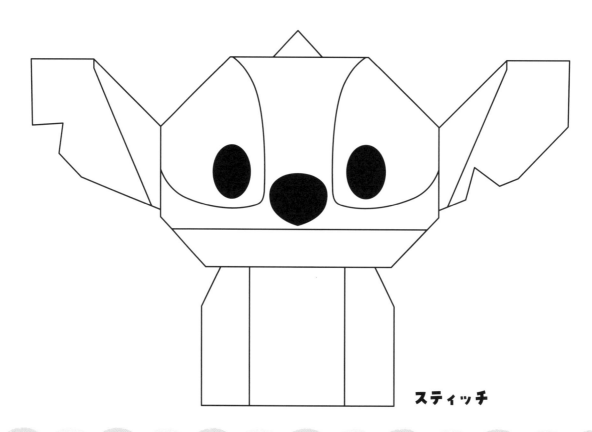

スティッチ

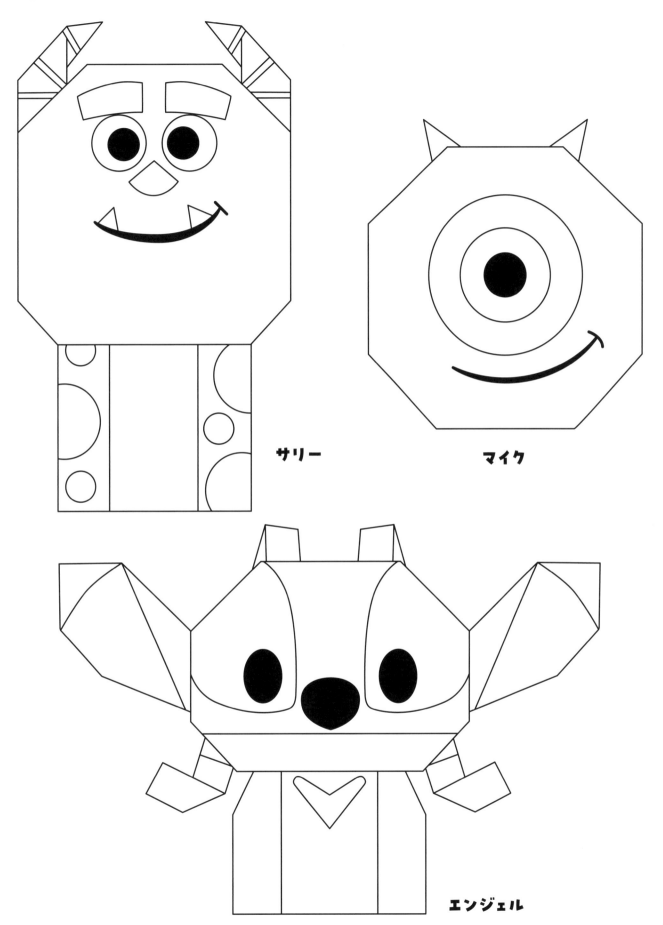

サリー

マイク

エンジェル

エルサ

アナ

オラフ

アリエルの尾びれ

アリエル

シンデレラ

白雪姫

## 著者紹介 いしばし なおこ

千葉県柏市在住。幼少期から絵を描くことが大好きで、保育の仕事や自身の子育てを通じて
キャラクターの折り紙と出合う。もともとキャラクターものが好きなため、
折り紙で表現することに夢中になり、次々と作品を考案するようになる。
現在はキャラクターだけではなく、さまざまな題材を折り紙で"かわいらしく"表現することを研究中！
『遊べる！飾れる！折り紙で作る おはなし指人形』
『遊べる！飾れる！折り紙で作る おはなし指人形〜世界の童話編〜』
『折るだけ！貼るだけ！折り紙で作る ディスニーキャラクター変身グッズ！』
『一年じゅう、園を飾れる！折り紙で作る 千金美穂キャラクターワールド！』
『遊べる！飾れる！超かわいい！季節の折り紙アイデアブック』（いずれも小社刊）など著書多数。

折り紙プラン・制作
いしばし なおこ

| 表紙・本文デザイン | 堤 琢郎（有限会社 ハートウッドカンパニー） |
| 校正 | 株式会社 円水社 |
| 撮影 | 中島 里小梨（世界文化ホールディングス） |
| 編集協力 | 柴﨑 恵美子 |
| 企画・編集 | 調 美季子 |

子どもと遊べる！飾れる！
### ディズニーキャラクター おりがみ指人形

| 発行日 | 2024 年 3 月 30 日 初版第1刷発行 |
| | 2024 年 8 月 10 日 第2刷発行 |
| 著 者 | いしばし なおこ |
| 発行者 | 駒田 浩一 |
| 発 行 | 株式会社世界文化ワンダーグループ |
| 発行・発売 | 株式会社世界文化社 |
| | 〒 102-8192 東京都千代田区九段北 4-2-29 |
| 電 話 | 03-3262-5474（編集部） |
| | 03-3262-5115（販売部） |
| DTP 制作 | 株式会社 明昌堂 |
| 印刷・製本 | TOPPANクロレ株式会社 |

©Disney ©Disney/Pixar
©Disney.Based on the "Winnie the Pooh"
   works by A.A.Milne and E.H.Shepard.
©Naoko Ishibashi,Sekaibunka Wonder Group,2024.
   Printed in Japan
ISBN 978-4-418-24703-5
定価はカバーに表示してあります。
落丁・乱丁のある場合はお取り替えいたします。
本書掲載の作り方をWEB等で公開することは、禁止されています。
無断転載・複写（コピー、スキャン、デジタル化等）を禁じます。
本書を代行業者等の第三者に依頼して複製する行為は、
たとえ個人や家庭内の利用であっても認められていません。